똥판지 작가 김우영의
만화 신학 이야기

똥딴지 작가 김우영 의

만화 신학 이야기

글·그림 김우영 | 원작 성기호

비전북

여는글
PROLOGUE

전문성을 띤 『이야기 신학』이 베스트셀러가 되었다는 말을 출판사인 국민일보로부터 들었을 때에는 반신반의하였습니다. 그러나 20여 판을 찍어내며 초교파적으로 각 교회에서 또 신학교에서 『이야기 신학』이 교재로 사용되는 것을 확인하고는 하나님께 감사하였습니다.

국민일보 종교란에 〈신학 이야기〉라는 제목으로 매주 1년 반을 연재하던 신학 칼럼을 사랑하던 애독자들이 당시 봉직하던 성결대학교 총장실로, 또 연재하던 국민일보사로 책을 구하게 해달라는 부탁을 해왔습니다. 그러나 매주 연재하기 위해 글을 쓰고 있었기에 책은 없었습니다. 결국 연재가 끝난 다음에도 책이 나오기 기다리는 사람들의 요청에 의해 국민일보사에서 『이야기 신학』이라는 제목으로 책을 출판하게 된 것입니다.

그 후 기독교방송국에서 『이야기 신학』을 매주 방송해달라는 부탁을 받고 1년 반을 인기리에 방송했습니다. 이 시기에 김우영 화백님의 세심한 손길을 통해 〈만화로 보는 신학이야기〉가 국민일보 지면을 장식하기 시작했습니다. 주일학교 학생들은 물론 중고등부 학생들도 좋아하고 성인에게도 유익한 만화를 통해 신학을 자연스럽게 배우는 기회를 제공하게 되었습니다. 매 주말이 기다려지는 것은 김 화백님께서 이번 주에는 어떻게 신학적인 내용을 그려내시려나 하는 기대감 때문이었습니다.

『이야기 신학』의 저자인 내가 보아도 신학적인 내용을 쉽게 그리고 흥미 있게 그려 가시는 김 화백님의 솜씨에 감탄하곤 했습니다. 교회의 신실한 장로님으로 신앙이 뒷받침되기에 가능한 일이라고 생각했습니다. 나의 연재물이 책으로 나왔던 것처럼 김 화백님의 〈만화로 보는 신학이야기〉가 책으로 엮어져 나온다니 얼마나 반가운지 모르겠습니다. 요즈음은 어른들도 만화를 좋아합니다. 전문적인 서적도 만화로 엮어져 나올 때 인기를 끌고 많은 독자들의 사랑을 받곤 하는데 이번에 도서출판 비전북에서 출판되는 『뚱딴지 작가 김우영의 만화 신학이야기』는 어른 독자들에게도 사랑을 받으리라 확신합니다.

『이야기 신학』이 베스트셀러가 되었던 것처럼 『뚱딴지 작가 김우영의 만화 신학이야기』도 베스트셀러가 되리라 생각합니다. 좋은 책들을 많이 펴내는 비전북에서 심혈을 기울여 세상에 내놓기 때문이기도 하지만 기도하는 마음으로 만화를 그려주신 김우영 화백님의 영감어린 작품이기 때문입니다.

또한 이 책 『뚱딴지 작가 김우영의 만화 신학이야기』가 건전한 신학을 배우는 교재로, 신앙을 키워가는 영적 양식으로 잘 활용되기 바랍니다.

2013. 6.
전 성결대 총장 성기호 박사

차 례

CONTENT

여는 글

신학이란?

신학이란? _8

Chapter 01 성서에 대하여

하나님의 계시 _14
성경 (1) _17
성경 (2) _20
성경 (3) _23
성경 (4) _26
성경 (5) _29
정경과 외경 _32

Chapter 02 하나님에 대하여

하나님의 존재 _38
하나님의 이름 _41
하나님의 편재성 _44
하나님의 전지성 _47
하나님의 전능성 _50
하나님의 불변성 _53
하나님의 성결 _56
하나님의 사랑 _59
하나님의 공의 _62
하나님의 진실과 선 _65
하나님의 작정 _68
하나님의 창조 _71
하나님의 삼위일체 _74
삼위일체 반대론 _77

Chapter 03 천사에 대하여

천사론 _82
천사들의 타락 _85
마귀와 귀신들 _88

Chapter 04 인간에 대하여

인간의 기원 _94
인간의 가치와 구조 _97
영혼의 기원 _100
인간의 타락 _103
타락의 결과 _106

Chapter 05 죄에 대하여

죄의 정의 _112
죄의 전염 _115
형벌과 징계 _118

Chapter 06 기독관에 대하여

예수님의 신분 _124
예수님의 두 가지 성품 _127
예수님의 인성 _130
예수님의 신성 (1) _133
예수님의 신성 (2) _136
그리스도의 부활 _139
그리스도의 승천 _142

Chapter 07 구원에 대하여

구원의 계획과 준비 _148
속죄의 방법 _151
예수님의 죽음에 대한 오해 _154
누구를 위한 죽음인가 _157
선택과 예정 (1) _160
선택과 예정 (2) _163
하나님의 부르심 _166
구원의 초청 (1) _169
구원의 초청 (2) _172
책망과 회개 (1) _175
책망과 회개 (2) _178
믿음과 구원 (1) _181
믿음과 구원 (2) _184
두 번째 출생 _187
칭의 _190
양자 _193

Chapter 08 성령에 대하여

성령의 호칭과 사역 _198
성령의 신성 _201
성령의 인격성 _204
성령 세례 (1) _207
성령 세례 (2) _210
성령의 은사 (1) _213
성령의 은사 (2) _216
현대 성령론 (1) _219
현대 성령론 (2) _222

 # 신학이란?

좁은 의미로 신학은 하나님에 대한 교리를 연구하는 학문,
넓은 의미로 신학은 기독교 교리 전체를 다루는 학문이다.
신학은 성경을 기초로 형성되었으므로, 신학을 이해하고
소유함으로 바른 신앙과 구원의 확신을 가질 수 있다.

결국 이런 사람들은 자칫 잘못된 길로 갈 수가 있다.

효도를 하려면 먼저 부모의 뜻을 잘 헤아려야 하듯이…

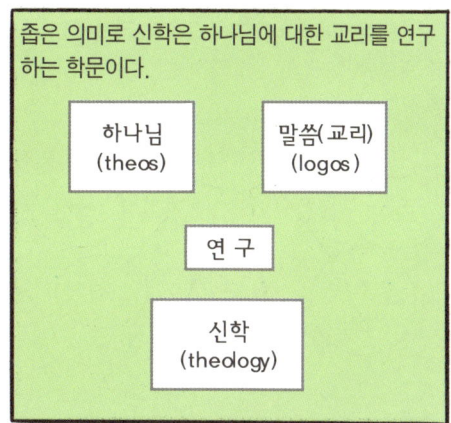

설교를 듣지도 않는다면…  믿음도 구원도 가질 수 없다.

 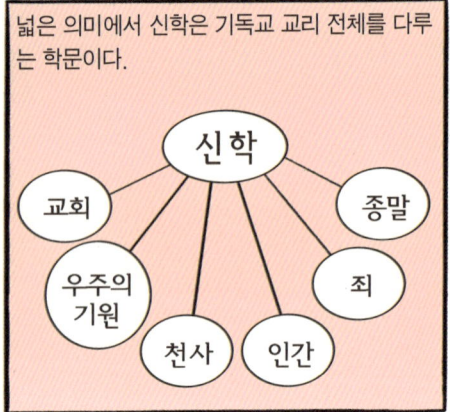

신자는 신학을 배우고 바로 깨달아 그것을 삶의 현장에서 실천해야 한다.

똥딴지 작가 김우영의 만화 신학이야기

신학이란?

신학 이야기

신학(神學)이라고 하면 매우 어렵고 딱딱해서 특별한 사람들이 공부하는 학문이라고 생각하는 사람들이 많다. 신학을 공부하려면 신학교에 들어가야만 하고, 신학은 목사님이나 전도사님 정도가 되어야 이야기할 수 있는 것으로 생각한다. 그러나 믿음을 가지고 있는 신자라면 정도의 차이는 있을지 모르지만 이미 신학을 이해하고 있다는 사실을 알아야 된다. 신학은 무엇을 믿는가 하는 신앙의 내용이 들어있기 때문이다.

"하나님을 믿는다"고 할 때 이미 하나님의 존재를 인식하고 있는 것이다. 계신지 안 계신지 모르는 하나님을 믿을 수는 없기 때문이다. 이때 '하나님의 존재'라는 것은 신학의 중요한 기초가 된다.

하나님을 믿는다는 것은 하나님께서 존재하신다는 것뿐 아니라 그가 어떤 분이시라는 것에 대한 앎도 포함된다. 어떤 분인지 모르는 하나님을 어떻게 믿고 따를 수 있겠는가. '좋으신 하나님' 이라든가, '사랑의 아버지' 라 할 때 우리는 하나님의 성품을 이해하고 있는 것이다.

하나님의 성품이나 그가 하신 일을 이해하는 것이 중요한 신학의 과제인데 신자들은 이미 이러한 지식을 가지고 있기에 하나님을 믿고 사랑한다. 그러므로 신자라면 누구나 신학을 어느 정도 알고 있는 것이지만 거기서 발전하여 더 잘 배워 알아야 한다. 그러나 일반적으로 신학이 어렵다는 생각 때문에 신학을 멀리하게 된다. 컴퓨터가 처음 나왔을 때 모든 사람들은 이해하기 매우 어려운 기계로 알아 가까이하려 하지 않았다. 과학자나 기술자가 만지는 것쯤으로 생각하고 멀리했다. 그러나 지금은 초등학교 학생들까지 손쉽게 다루고 있다. 컴퓨터를 모르는 사람을 '컴맹' 이라고 부른다면 올바른 신학을 가지지 못한 신자를 '맹신자(盲信者)' 라고 부를 수 있을 것이다. 무엇을 믿어야 할지 모르고 믿는 것은 미신(迷信)이고, 어떻게 믿어야 할지 모르고 믿는 것은 맹신(盲信)이기 때문이다.

Chapter 01

성서에 대하여

성경은 성령의 감동을 통해 기록되었기 때문에 원저자가 하나님이시다. 그래서 성경을 하나님의 말씀이라고 한다. 성경은 크게 구약과 신약으로 나누어지고 구약 39권, 신약 27권 총 66권이다.

 # 하나님의 계시

〈계시〉는 〈일반계시〉와 〈특별계시〉로 나뉜다. 〈일반계시〉는 하나님이 지으신 자연과 역사의 변천과 양심을 통해 하나님의 능력과 신성을 보이신 것이다. 〈특별계시〉는 오직 예수 그리스도와 성경 안에서만 완성된다.

종교를 크게 나누자면 〈수도종교〉와 〈계시종교〉가 있다.

인간이 절대자인 신앙의 대상자를 찾아가는 종교를 〈수도종교〉라고 말하고

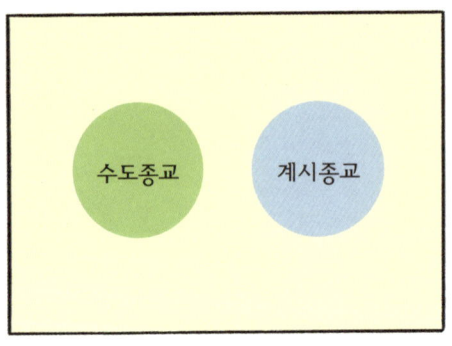

절대자이신 하나님이 인간에게 찾아오셔서 자기 자신을 나타내보이신 종교를 〈계시종교〉라고 한다.

기독교는 계시종교이다.

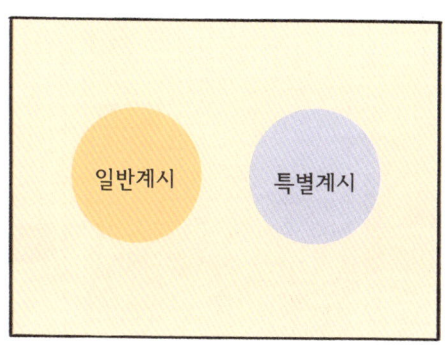

〈일반계시〉를 주신 목적은 자연이나 역사, 양심을 통해 하나님을 더듬어 찾고 발견할 수 있게 해주시려는 것이었으나 타락한 인간은 …

〈특별계시〉는 오직 예수님과 성경 안에서만 완성된다.

그래서 〈칼빈〉은 이렇게 말했다.

 # 성경 (1)

성경은 성령의 감동을 통해 기록되었기 때문에 원저자가 하나님이시다. 그래서 성경을 하나님의 말씀이라고 한다. 성경은 크게 구약과 신약으로 나누어지고 구약 39권, 신약 27권 총 66권이다.

성경은 크게 구약과 신약으로 나누어진다.

 = 66권

1600년이란 긴 기간 동안 35명(또는 34명)의 다른 시대, 다른사람들이 각기 기록했음에도 불구하고…

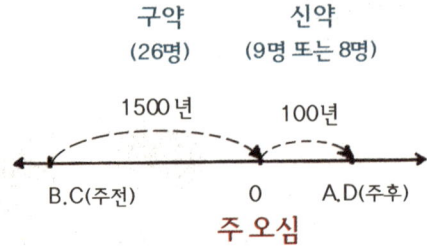

놀랍게도 성경 전체는 한결같이 그리스도에 대하여 기록하고 있다.

그리스도, 그 분이 바로 하나님이 인간에게 보내신 〈특별계시〉요, 말씀 그 자체이시기 때문이다.

말씀이 육신이 되어 우리 가운데 거하시매 우리가 그 영광을 보니 아버지의 독생자의 영광이요 은혜와 진리가 충만하더라
(요 1:14)

성경은 사람이 하나님을 어떻게 섬겨야 하며 죄인이 구원받을 수 있는 길이 무엇인지 분명하게 밝혀주고 있다.

아빠, 어떤 학자들은 성경을 연구하면서도 예수는 믿지 않는다고 하던데요?

수도종교의 입장에서 성경을 이해하려는 사람들은 죽을 때까지 그 참 진리를 깨닫지 못한단다.

다만 계시종교의 입장에서 성령의 도우심을 받아 성경을 읽을 때, 비로소 구원의 참 진리를 깨닫고 확신하게 된단다.

할렐루야! 우리에게 참 진리를 깨닫게 해주신 성령님께 영광 돌려요!

그래, 우리를 구원하신 하나님께 감사와 영광을!

나도…

성경 (2)

성경은 "언제든지 사람의 뜻으로 낸 것이 아니요 오직 성령의 감동하심을 입은 사람들이 하나님께 받아 말한 것"(벧후 1:21)이라고 기록하고 있다.

하나님께서는 성경의 저자들에게 어떻게 영감을 주셨을까?

- **계시**: 감추어진 진리를 알리는 하나님의 행위
- **영감**: 성령의 역사
- **기록**: 기자(사람)에 의한 작업

성경을 기록한 과정을 설명하는 영감설에는 여러 가지 학설이 있다.

- 기계적 영감설
- 조명적 영감설
- 직관적 영감설
- 동력적 영감설

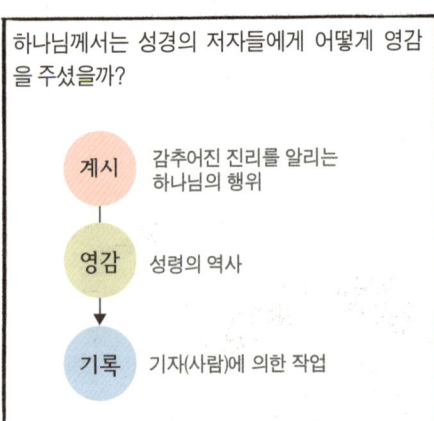

직관적 영감설이란 타고난 재능을 강조한 가설(假說)로…

"우리 아이는 세상의 이치를 깨달아 아는 통찰력이 있어요."

이는 마치 예술적 재능이 뛰어난 이들이 있듯이…

"나, 음악의 신동…"
"난 철학의 재능이 짱!"
"시몬, 너는 아느뇨? 내가 문학의 천재임을…"

기계적 영감설은 인간(기자)이 붓이나 펜처럼 기록을 위한 수동적 도구에 불과했다는 학설이다.

그러나 성경을 원어로 읽어보면…

성경의 저자에 따라 그 표현방법과 문체가 달라 저자들이 단순한 도구였음을 인정하기가 어렵다.

조명적 영감설은 신자라면 누구나 신앙적 감화와 깨달음을 갖고 있는데…

성령께서 특별한 사람들에게 그들의 지각력을 높여주셔서 성경을 기록하게 하셨다는 학설이다.

그러나 조명이란 계시의 기록에 관계된 것이 아니라 전달된 계시를 잘 깨닫게 해주시는 하나님의 역사이다.

동력적 영감설은 성령께서 특별한 능력을 성경저자에게 주셔서 성경을 기록하게 하시고 인간적 요소를 동력적으로 사용하셨다는 학설이다.

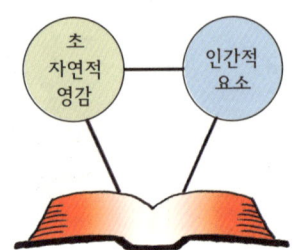

성경은 "언제든지 사람의 뜻으로 낸 것이 아니요 오직 성령의 감동하심을 받은 사람들이 하나님께 받아 말한 것"(벧후1:21)이라고 기록하고 있다.

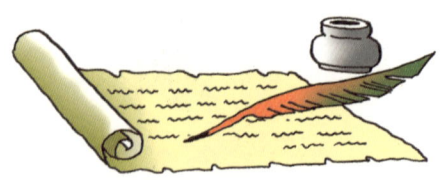

 # 성경 (3)

성경은 일점일획도 틀림없는 하나님의 말씀이다.

성경은 어느 부분까지 하나님의 영감이 미치고 있는지에 대하여 많은 논의가 있다.

완전 영감설(축자 영감설)

사상 영감설

부분 영감설

 # 성경 (4)

성경을 기록할 때도 하나님의 숨결이 불어 넣어짐으로 성경은 살아계신 하나님의 말씀이 되었다. **하나님의 말씀은 살아있을 뿐 아니라 인간에게 생명을 준다.**

성경이 하나님의 영감으로 기록되었다는 말은 성경 전체에 하나님의 숨결이 미쳤다는 말이다.

'하나님의 감동' 이라는 말은 원어인 헬라어로 「데오프뉴마토스」인데 "하나님이 숨을 불어 넣으셨다" 라는 의미이다.

하나님께서 사람을 창조하실 때에도 숨을 불어 넣으셨다.

〈생명 없는 흙덩어리에 하나님의 숨결이 미치자〉 생명 있는 인격체가 된 것이다.

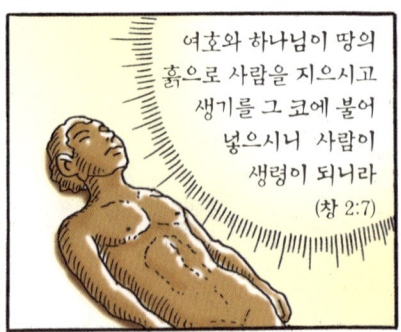

 # 성경 (5)

성경은 에스겔 골짜기의 마른 백골 같은 인생을 새롭게 태어나게 한다.

하나님의 숨결이 깃들어 있는 성경은 에스겔 골짜기의 마른 백골 같은 인생을 새롭게 태어나게 한다 (겔 37장).

생기야, 이 사망을 당한 자에게 불어서 살게 하라!

미국 22대, 24대 대통령을 역임했던 클리브랜드는 대통령 취임식 때 이런 고백을 했다고 한다.

방탕한 청년이 오늘 이 자리에 서게 된 것은 오직 하나님의 은혜요, 이 성경의 힘입니다.

그는 젊은 날, 나쁜 친구들과 어울려 다니며 방탕한 생활을 했다.

이래도 한 세상, 저래도 한 세상…

부어라, 마셔라, 아~ 좋다~!

어느 날

뎅~ 뎅~

에잇, 저 놈의 종소리 듣기 싫어!

 # 정경과 외경

성경을 기록한 것도 하나님이 명령하신 결과요, 정경으로 모아진 것도 성령이 역사하신 결과다. 성경의 66권을 정경(正經)이라 부른다. 공동번역 성경에는 정경 66권 이외에 14권의 기록들이 더 들어 있는데 이것을 외경(外經)이라고 한다.

우리가 가지고 있는 성경의 66권을 정경(正經)이라 부른다.

기독교와 천주교의 공동번역 성경에는 정경 66권 이외에 14권의 기록들이 더 들어있는데 이것을 외경(外經)이라고 한다.

정경 66권 + 외경 14권 = 공동번역

구약의 39권을 정경으로 결정한 것은 주후 90년 얌니아(Yamnia) 교회회의에서였다.

신약의 27권은 주후 397년 카르타고(Carthage) 회의의 결과였다.

성경을 기록한 것도 하나님이 명령하신 결과요, 정경으로 모아진 것도 성령이 역사하신 결과다.

정경을 가리는 표준은…

여러 지역에 흩어져 있는 교회들이 보편적으로 받아들이는 책들이고…

그 내용이 하나님의 영감으로 기록되었다는 증거를 가지고 있어야 했다.

구약은 선지자에 의하여 쓰여졌거나 편집되었다고 인정된 책이어야 했고

신약은 사도들에 의하여 쓰여졌거나 사도적 권위를 가지고 있는 책이어야 했다.

외경은 어거스틴, 터툴리안, 아타나시우스 등 대부분의 초대교회 교부들도 정경적인 권위를 인정하지 않던 책들이었는데

1546년, 천주교에서 자기들의 교리나 주장이 옳다고 주장하기 위하여 14권의 기록들을 성경으로 받아들인 것이 외경이다.

이러한 책들은 개신교에서 정경으로 인정하지 않을 뿐 아니라 예수님께서도 인정한 적이 없으시다.

동판지 작가 김우영의 만화 신학이야기

정리해 볼까요?

1. 하나님의 계시

기독교는 계시종교이다. 절대자이신 하나님이 인간에게 찾아오셔서 자기 자신을 나타내보이신 종교를 〈계시종교〉라고 한다. 〈계시〉는 〈일반계시〉와 〈특별계시〉로 나뉜다. 〈일반계시〉는 하나님이 지으신 자연과 역사의 변천과 양심을 통해 하나님의 능력과 신성을 보이신 것이다. 〈특별계시〉는 오직 예수 그리스도와 성경 안에서만 완성된다.

2. 성경

성경은 성령의 감동을 통해 기록되었기 때문에 원저자가 하나님이시다. 그래서 성경을 하나님의 말씀이라고 한다. 성경은 크게 구약과 신약으로 나누어지고 구약 39권, 신약 27권 총 66권이다.

성경이 하나님의 영감으로 기록되었다는 말은 성경 전체에 하나님의 숨결이 미쳤다는 말이다. '하나님의 감동' 이라는 말은 원어인 헬라어로 「데오프뉴마토스」인데 "하나님이 숨을 불어 넣으셨다" 라는 의미이다. 하나님께서 사람을 창조하실 때에도 숨을 불어 넣으셨다. 성경을 기록할 때도 하나님의 숨결이 불어 넣어짐으로, 성경은 살아계신 하나님의 말씀이 되었다. 하나님의 말씀은 살아있을 뿐 아니라 인간에게 생명을 준다.

3. 정경과 외경

정경(正經)이란 우리가 가지고 있는 성경 66권을 말한다.

외경(外經)이란 어거스틴, 터툴리안, 아타나시우스 등 대부분의 초대교회 교부들도 정경적인 권위를 인정하지 않던 책들이었는데 1546년, 천주교에서 14권의 기록들을 성경으로 받아들인 것이 외경이다. 이러한 책들은 개신교에서 정경으로 인정하지 않을 뿐 아니라 예수님께서도 인정한 적이 없으시다.

Chapter 02

하나님에 대하여

하나님의 이름은 단순한 호칭만이 아니라 하나님은 어떤 분이신지를 나타내는 자기 계시의 성격을 가지고 있다. 하나님께서는 사람들에게 성경을 통해 자신의 이름을 밝히고 계신다. 예수님께서는 하나님을 〈아버지〉로 소개하신다.

 ## 하나님의 존재

하나님께서는 모든 사람들이 만물을 통해 하나님을 발견할 수 있도록 자신을 나타내신다. 그러므로 이 세상에서 하나님을 몰랐다고 핑계댈 수 있는 사람은 하나도 없다.

하나님을 눈으로 확인하고 싶어하는 것은 예나 지금이나 똑같은 것 같다.

"하나님, 제 눈에 나타나 보여주시면 제가 확실히 믿겠습니다."

예수님을 3년이나 따라 다녔던 사도 빌립도…

"주여, 아버지를 우리에게 보여주옵소서."
"나를 본 자는 아버지를 보았거늘…"

하나님은 영이시므로 육신의 눈으로는 볼 수 없고 (요 4:24) 마음의 눈으로 볼 수 있다 (마 5:8).

"아무리 찾아봐도 하나님은 없는데 뭘…"

"보이지 않는 하나님을 어떻게 믿니?"
"이 소켓에 손가락을 넣으면 어떻게 될까?"
"커커"

하나님께서는 모든 사람들이 만물을 통해 하나님을 발견할 수 있도록 자신을 나타내신다.

그러므로 이 세상에서 하나님을 몰랐다고 핑계댈 수 있는 사람은 하나도 없다.

창세로부터 그의 보이지 아니하는 것들 곧 그의 영원하신 능력과 신성이 그가 만드신 만물에 분명히 보여 알려졌나니 그러므로 그들이 핑계하지 못할지니라 (롬 1:20)

하나님의 이름

하나님의 이름은 단순한 호칭만이 아니라 하나님은 어떤 분이신지를 나타내는 자기 계시의 성격을 가지고 있다. 예수님께서는 하나님을 〈아버지〉로 소개하신다.

사람들은 처음 만났을 때 서로 통성명을 한다.

문어발입니다.
고생문입니다.

하나님께서는 사람들에게 성경을 통해 자신의 이름을 밝히고 계신다.

하나님의 이름은 단순한 호칭만이 아니라 하나님은 어떤 분이신지를 나타내는 자기 계시의 성격을 가지고 있다.

엘로힘 야훼 여호와 아도나이

창세기 1장 1절에서 하나님께서는 이름을 〈엘로힘〉(창조자, 통치자)이라고 밝히고 계신다.

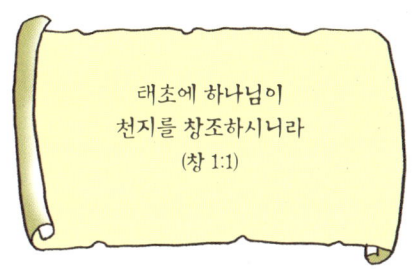

태초에 하나님이
천지를 창조하시니라
(창 1:1)

〈엘로힘〉이라는 명칭은 창조주로, 통치하시는 분의 이름으로 적합하다.

두번째 소개하신 이름은 〈여호와〉또는 〈야훼〉(스스로 있는 자)이다.

〈여호와〉는 하나님의 영원성과 불변성을 나타내는 이름이다. 신약에서는 〈알파와 오메가〉, 〈처음과 나중〉, 〈이제도 계시고 전에도 계시고 장차 오실 이〉 등으로 표현되기도 한다.

A, Ω

〈여호와 이레〉는 "여호와께서 준비하신다" 는 의미이고 (창 22:14)

〈여호와 닛시〉는 "여호와는 나의 기(旗)"라는 뜻이다 (출 17:15).

〈여호와 삼마〉는 "여호와께서 거기 계시다"라는 의미이며 (겔 35:10)

〈여호와 샬롬〉은 "여호와는 우리의 평화" (삿 6:24)

〈여호와 치드케누〉는 "여호와는 나의 의(義)" (렘 23:6)

〈여호와 라파〉는 "여호와께서 치료하신다" (출 15:26).

〈여호와 로이〉는 "여호와는 나의 목자"라는 뜻이다 (시 23:1).

하나님께서는 또한 〈아도나이〉라는 이름으로 불리기도 하는데 나의 주(主)라는 뜻이다.

예수님께서는 하나님을 〈아버지〉로 소개하신다.

구원받은 성도들은 같은 하나님을 우리의 아버지로 모시는 형제자매임을 깨닫고 서로 사랑하며 주 안에서 하나되기를 힘써야 할 것이다.

 # 하나님의 편재성

편재성(遍在性)이라는 속성은 '존재하지 않는 장소가 없다' 라는 뜻의 속성이다. 어느 곳이나 계시고 언제나 함께하시는 〈하나님의 편재성〉은 신자들로 하여금 범죄하지 않도록 막아준다.

하나님께서 어느 곳에나 계신 것을 다윗은 이렇게 고백했다.

형 에서를 피해 도망가던 야곱이 빈들에서 잠을 자다가 꿈에 하나님을 만나고 하나님의 음성을 듣게 되었다.

내가 주의 영을 떠나 어디로 가며 주의 앞에서 어디로 피하리까, 내가 하늘에 올라갈지라도 거기 계시며 스올에 내 자리를 펼지라도 거기 계시니이다
(시 139:7~8)

내가 너와 함께 있어 네가 어디로 가든지 너를 지키며 너를 이끌어 이 땅으로 돌아오게 할지라 내가 네게 허락한 것을 다 이루기까지 너를 떠나지 아니하리라
(창 28:15)

여호와께서 과연 여기 계시거늘 내가 알지 못하였도다.

아무도 나를 몰라주는 것 같고 자기 혼자서 견딜 수 없을 정도로 고통을 받고 있다고 느낄 때에도…

흑흑흑… 내겐 아무도 없구나.

아니다, 내가 항상 너와 함께 있다.

남북 전쟁 때

하나님! 부디 링컨 대통령과 함께하여 주시고 승리를 얻게 도와주시옵소서.

목사님, 이후에는 하나님께서 링컨과 함께하시기를 빌지 마시고 링컨이 하나님과 함께할 수 있게 해달라고 기도해 주십시오.

하나님께서는 택한 신자들과 함께하기 원하시지만 우리가 죄의 길로 가면서 하나님을 등질 때에는 하나님과 동행할 수 없다.

우리는 하나님과 동행할 수 있도록 성결한 삶을 살아가며 겸손해야 한다.

어느 곳이나 계시고 언제나 함께하시는 〈하나님의 편재성〉은 신자들로 하여금 범죄하지 않도록 막아준다.

요셉은 여인의 성적 유혹을 받았을 때 하나님의 눈을 의식했다.

성도들은 하나님의 눈을 의식하여 하나님과 동행하는 성결한 삶을 살아가야 하겠다.

 # 하나님의 전지성

하나님의 전지성은 내일을 알 수 없는 불안한 나날을 살아가는 우리에게 큰 위로가 된다. 하나님은 현재, 과거, 미래에 속한 일까지도 철저하고 완벽하게 아시기에 〈전지하신 하나님〉이라 부른다.

사람의 지식에는 한계가 있다.

먼 곳도 모르고 가까운 것도 모르는 것이 우리 인간이다.

그러나 우리가 믿고 의지하는 하나님은 모르는 것이 하나도 없다.

하나님은 현재, 과거, 미래에 속한 일까지도 철저하고 완벽하게 아시기에 '전지하신 하나님' 이라 부른다.

하나님의 전지성은 내일을 알 수 없는 불안한 나날을 살아가는 우리에게 큰 위로가 된다.

하나님께서 내일과 미래를 주장하시기에 신자들은 두려움 없이 새로운 하루하루를 살아갈 수가 있다.

하나님의 지식은 시간을 초월할 뿐 아니라 공간도 초월하신다.

하나님께서는 인간의 생각과 마음의 소원을 살피며 모르시는 것이 없다.

사람은 몰라도 하나님은 아시기에 위로가 있고 소망이 있으며 경건한 두려움을 갖게 된다.

우리의 일생을 전지하신 하나님께 맡기고 담대하게 감사하며 살아가자.

> 너희에게는
> 머리털까지 다 세신 바 되었나니
> 마태복음 10장 30절
>
> 우리 주는 위대하시며 능력이 많으시며
> 그의 지혜가 무궁하시도다
> 시편 147장 5절
>
> 내가 시초부터 종말을 알리며 아직 이루지
> 아니한 일을 옛적부터 보이고 이르기를
> 이사야 46장 10절

하나님의 전능성

전능성(全能性)이라는 것은 무엇이나 다 하실 수 있다는 것을 의미한다. 하나님은 전능하시지만 인간에게 주신 선택권, 즉 자유의지의 선용에 의해 구원에 이르기를 원하신다.

하나님께서 아브라함에게 나타나셔서 말씀하시기를

나는 전능한 하나님이라 (창 17:1)

하나님의 전능성(全能性)이라는 것은 하나님이 무엇이나 다 하실 수 있다는 것을 의미한다.

바다여, 잠잠하라! 고요 하라!

그러나 하나님은 자기의 성품에 어긋나는 일은 하실 수 없다.

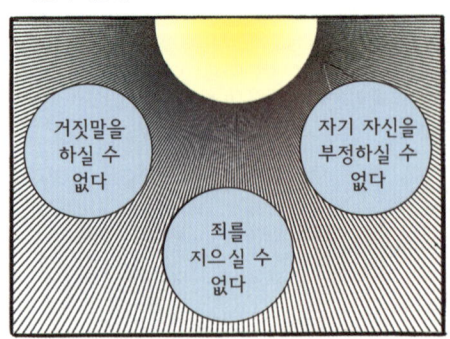

거짓말을 하실 수 없다

자기 자신을 부정하실 수 없다

죄를 지으실 수 없다

아빠, 질문이 있어요.

뭔데?

하나님은 전능하시지만 인간에게 주신 선택권, 즉 자유의지의 선용에 의해 구원에 이르기를 원하신다.

하나님께서는 미리 구원 얻을 사람들을 선택하셨지만 인간 편에서는 하나님께서 보내신 독생자 예수 그리스도를 영접함으로 구원에 이르게 되는 것이다.

비록 죄인들은 마음이 교만하며 정직하지 못하다 해도 의인은 오직 믿음으로 살아가야 한다.

의와 악에는 반드시 하나님의 보상과 심판이 주어진다.

마지막 날에는 전능하신 하나님께서 죄와 사망과 마귀까지도 멸하실 것임으로 우리는 "할렐루야 주 우리 하나님 곧 전능하신 이가 통치하시도다" (계 19:6)라고 찬양할 수 있는 것이다.

> 아브람이 구십구 세 때에 여호와께서
> 아브람에게 나타나서 그에게 이르시되
> 나는 전능한 하나님이라
> 너는 내 앞에서 행하여 완전하라
> 창세기 17장 1절
>
> 할렐루야 주 우리 하나님
> 곧 전능하신 이가 통치하시도다
> 요한계시록 19장 6절

 # 하나님의 불변성

하나님은 성품이 변함이 없으시기에 불변(不變)의 하나님이시다.

자기의 필요에 따라 말이나 마음을 쉽게 바꾸는 것이 인간이다.

그러나 하나님은 그 성품이 변함이 없으시기에 불변(不變)의 하나님이시다.

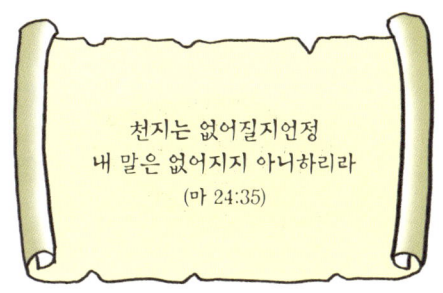

천지는 없어질지언정 내 말은 없어지지 아니하리라
(마 24:35)

사람은 자기가 한 말을 지키고 싶어도…

늙고 죽는 것 때문에 할 수 없을 때가 있다.

그러나 하나님은 영원하시고 완전하신 분이시기 때문에 변할 수가 없다.

> 그는 변함도 없으시고 회전하는 그림자도 없으시니라
> (약 1:17)

변하지 않고 신실하신 하나님이시기에 아브라함의 하나님을 오늘 우리가 나의 하나님으로 믿고 의지하는 것이다.

그 분의 약속은 불변의 말씀이시기에 우리는 성경을 우리의 신앙과 행위의 유일한 표준으로 삼는다.

신자들은 우리를 부르신 아버지의 신실하심과 같이 말과 생각, 행함이 정직하고 진실해야겠다.

이러한 삶은 빛과 소금의 역할을 다하는 것이요, 하나님께 영광을 돌리게 되는 것이다.

성경에는 하나님도 한탄하고 뉘우치신 기록이 있다.

> 땅 위에
> 사람 지으셨음을 한탄하사
> (창 6:6)
>
> 여호와께서
> 이 재앙 내리심을 뉘우치사
> (삼하 24:16)

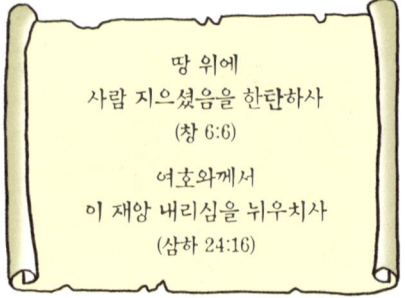

그렇다면 이것은 하나님의 불변성에 모순이 되는 것이 아닐까?

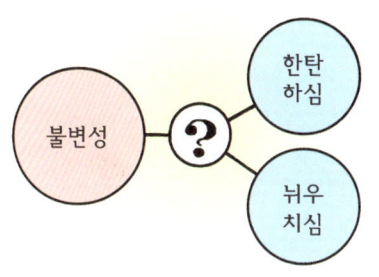

하나님은 죄를 짓는 죄인을 벌하는 공의의 하나님이시지만

회개하고 돌이키면 용서하고 영접하는 사랑의 하나님이시다.

> 만일 내가 말한 그 민족이 그의 악에서 돌이키면 내가 그에게 내리기로 생각하였던 재앙에 대하여 뜻을 돌이키겠고
> (렘 18:8)

하나님께 대한 순종, 불순종에 따라 피조물을 취급하시는 하나님의 태도에 변화가 있을 뿐 하나님의 성품이나 의지가 바뀌는 것은 아니다.

아무리 큰 죄를 지은 사람이라도 하나님께 돌아오면 용서와 구원이 주어지니 이 얼마나 귀하고 큰 은혜인가!

> 천지는 없어질지언정 내 말은 없어지지 아니하리라
> 마태복음 24장 35절

> 온갖 좋은 은사와 온전한 선물이 다 위로부터 빛들의 아버지께로부터 내려오나니 그는 변함도 없으시고 회전하는 그림자도 없으시니라
> 야고보서 1장 17절

하나님의 성결

성결이란 속사람, 즉 영혼이 그리스도의 보혈로 깨끗해진 후에 겉으로 나타나는 행실에도 거룩함이 나타나는 것을 말한다.

하나님은 거룩하신 성품을 지니셨다. 거룩을 성결(聖潔)이라고도 한다.

하나님의 거룩 또는 성결이라는 말은 모든 악과 죄에서 떠나 계시다는 것을 의미한다.

그래서 죄를 지은 아담과 하와가 거룩하신 하나님과 교제를 계속하지 못하고 에덴동산에서 쫓겨났다.

지금도 죄인은 하나님과 사귈 수도, 가까이 갈 수도 없다. 하나님은 거룩하시기 때문이다.

그러나 구속의 역사를 이루신 예수님을 믿고 그의 공로를 의지하는 자는 죄를 용서받고 거룩하신 하나님께 나아갈 수 있게 된다.

주일에 교회에 가는 외적 행사로 거룩해지는 것이 아니다.

성경을 외우고 예배 의식에 참여하는 것으로 깨끗해질 수 없다.

겉으로만 깨끗한 체하며 외식하는 자를 주님께서는 책망하셨다.

화 있을진저 외식하는 서기관들과 바리새인들이여!

성결이란 속사람, 즉 영혼이 그리스도의 보혈로 깨끗해진 후에 겉으로 나타나는 행실에도 거룩함이 나타나는 것을 말한다.

마음속에 그리스도 예수의 마음을 품고…

> 너희 안에 이 마음을 품으라 곧 그리스도 예수의 마음이니 그는 근본 하나님의 본체시나 하나님과 동등됨을 취할 것으로 여기지 아니하시고 오히려 자기를 비워 종의 형체를 가지사 사람들과 같이 되셨고
> (빌 2:5~7)

주님의 깨끗하심같이 자신도 깨끗하게 하는 이가 마지막 날 다시 오실 재림의 주님을 만나게 될 것이다.

죄를 용서받고 하나님의 자녀가 된 신자들은 우리를 부르신 하나님의 거룩하심같이 거룩해져야 한다.

구원받은 신자들이 거룩하게 되는 것도 인간적인 수양이나 노력으로가 아니라 하나님의 은혜로 이루어진다.

성도 안에 거하시는 성령께서 그리스도의 속죄의 보혈을 끊임없이 공급해주심으로

성도를 모든 죄와 불의에서 깨끗하게 하신다.

우리에게 능력 주시며 성결하게 하시는 성령의 충만을 받아, 성도들은 하나님께 온전히 헌신하며 충성해야 할 것이다.

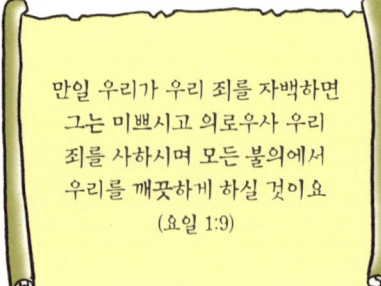

만일 우리가 우리 죄를 자백하면 그는 미쁘시고 의로우사 우리 죄를 사하시며 모든 불의에서 우리를 깨끗하게 하실 것이요
(요일 1:9)

 # 하나님의 사랑

하나님의 사랑은 아가페적인 사랑이다. 아가페적인 사랑은 영원한 사랑이다. 죽음도 두려워하지 아니하고 어떠한 경우에도 그 사랑은 변하지 않는다.

사랑은 하나님의 성품 중 하나일 뿐 아니라 하나님 자체가 사랑이시다. 그래서 기독교를 사랑의 종교라고 부른다.

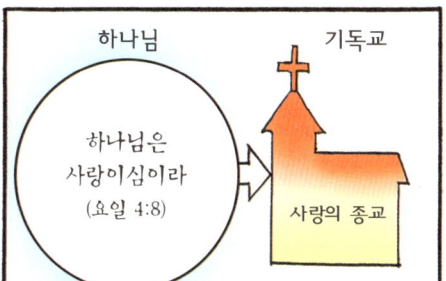

하나님의 사랑은 세상 사람들이 흔히 말하는 〈에로스〉적 사랑이 아니라 〈아가페〉적인 사랑이다.

육체적인 사랑, 즉 성적(性的)인 사랑은 〈에로스〉

형제와 친척, 가족 간에 느끼는 혈육간의 사랑은 〈스토르게〉

친구 간에 우정을 뜻하는 사랑은 〈필리아〉

초자연적인 사랑, 신적인 온전한 하나님의 사랑은 〈아가페〉라고 한다.

자식을 향한 부모의 사랑에서 우리는 아가페적인 사랑의 모습을 발견할 수 있다.

소년시절 루터는 하나님을 잘못에 대해 혹독한 벌을 내리시는 심판자로 알고 두려워했다.

그러나 후에 죄인과 원수까지 용서하고 받아주시는 사랑의 하나님인 것을 십자가를 통해 발견하게 되었다.

참 사랑에는 희생이 따른다. 죄인된 인간을 살리려고 하나님은 자신의 독생자를 희생하셨고 예수님께서는 자신을 희생하셨다.

사랑은 여기 있으니 우리가 하나님을 사랑한 것이 아니요 하나님이 우리를 사랑하사 우리 죄를 속하기 위하여 화목제물로 그 아들을 보내셨음이니라
(요일 4:10)

어느 농가에서 불이 났다.

불길이 잡힌 후, 어미 닭을 치우자…

아가페적인 사랑은 영원한 사랑이다. 죽음도 두려워하지 아니하고 어떠한 경우에도 그 사랑은 변하지 않는다.

사랑은 하면 할수록 더 커진다. 도산 안창호 선생님은 당시 미국 유학생들에게 이렇게 말했다.

하나님의 사랑을 체험한 신자들은 원수까지 사랑할 수 있는 아가페적 사랑의 단계까지 사랑을 성장시켜 가야 할 것이다.

하나님의 공의

공의로운 하나님께서는 사람들의 의로운 행위를 사랑하고 그릇된 행위는 미워하신다. 하나님의 공의와 사랑이 잘 나타난 것이 그리스도의 십자가다. 십자가는 죄를 벌하고 죄인을 사랑하시는 하나님의 공의와 사랑의 표다.

공정하고 올바르게 모든 일을 처리하시는 하나님의 성품을 공의(公義)라고 한다.

공의로운 하나님께서는 사람들의 의로운 행위를 사랑하고 그릇된 행위는 미워하신다.

하나님의 공의와 사랑이 잘 나타난 것이 그리스도의 십자가다. 십자가는 죄를 벌하고 죄인을 사랑하시는 하나님의 공의와 사랑의 표다.

도덕이 타락하고 사회가 혼란한 어느 나라 임금이 엄한 법을 공포했다.

그런데 왕자가 법을 어기고 제일 처음으로 잡혀 오게 되었다.

화젓가락이 달구어지고…

왕자의 한 쪽 눈이 뽑혀졌다.

이로써 임금은 공의를 실천하고 사랑도 나타내었다. 그 후, 그 나라 법이 잘 지켜지는 좋은 나라가 되었다고 한다.

아무리 훌륭하고 엄한 법이 있더라도 바로 지켜지지 않는다면 오히려 백성의 불신을 사게 된다.

솔로몬은 백성을 올바로 재판하고 다스리기 위한 지혜를 구하여 가장 지혜로운 사람이 되었다.

공의를 실천할 것은 왕과 재판관뿐 아니라 하나님의 백성 모두의 의무이다.

사람들은 자신이나 자기가 속한 집단의 이익이나 명예를 위해 거짓과 불의를 행하는 일이 적지 않다.

하나님 앞에서 불의하고 악한 자는 바람 앞에 겨와 같다.

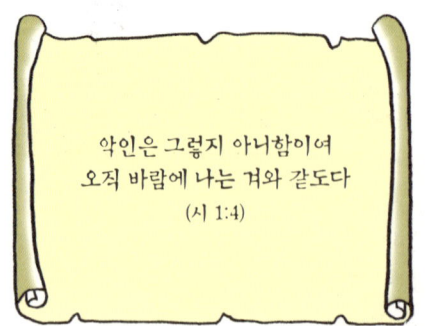

공의로운 하나님께서 인간의 성품과 행동 하나하나를 감찰하신다. 하나님의 자녀들은 소망과 인내를 가지고 믿음을 따라 바르게 살아가야 하겠다.

# 하나님의 진실과 선

하나님은 진실하신 분이다. 거짓이나 꾸밈이 없기에 한 번 하신 말씀은 반드시 지키신다. 하나님의 또 다른 성품은 선하심과 인자하심이다. 공로 없는 죄인에게 베푸시는 하나님의 선하심을 **은혜**라 하며 어렵고 비참한 지경에 빠진 사람에게 보이시는 하나님의 선하심을 **인자** 또는 **긍휼**이라 한다.

우리가 믿는 하나님은 진실하신 분이다. 모세는 이렇게 노래했다.

하나님께서는 거짓이나 꾸밈이 없기에 한 번 하신 말씀은 반드시 지키신다.

정의롭고 진실하고 거짓이 없으신 하나님이시니 공의로우시고 바르시도다
(신 32:4)

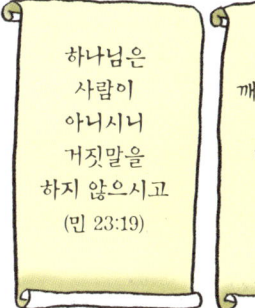

하나님은 사람이 아니시니 거짓말을 하지 않으시고
(민 23:19)

내 언약을 깨뜨리지 아니하고 내 입술에서 낸 것은 변하지 아니하리로다
(시 89:34)

신자들도 진실하신 하나님을 닮아 진실하고 정직하여야 한다.

미국 템플대학 초대 총장 러셀 콘웰 박사가 600명 이상의 백만 장자의 자서전을 연구한 결과

정직하게 행하는 자에게 좋은 것을 아끼지 아니하실 것임이니이다
(시 84:11)

그들은 모두 정직한 사람들이라는 결론을 내렸다.

거짓은 마귀로부터 오는 것이기에 거짓말을 하거나 거짓된 행위를 하는 것은 마귀의 일을 하는 것이다.

하나님의 또 다른 성품은 선하심과 인자하심이다.

공로 없는 죄인에게 베푸시는 하나님의 선하심을 은혜라 하며

어렵고 비참한 지경에 빠진 사람에게 보이시는 하나님의 선하심을 인자 또는 긍휼이라 한다.

하나님의 인자하심이 죄인을 인도하여 회개하게 하고 (롬 2:4)

긍휼하심을 따라 우리가 구원에 이르게 된 것이다 (딛 3:5).

그래서 죄 많은 인간이 용서받고 연약하고 허물 많은 우리가 깨끗함을 받게 된 것이다.

구원받은 성도들은 하나님의 은혜와 긍휼에 감사하며 하나님께 보답하는 충성된 삶을 살아야 한다.

또 하나님을 본받아 진실한 사람이 될 것은 물론 이웃을 향하여서도 선함과 긍휼을 나타내야 하겠다.

"
내 평생에 선하심과 인자하심이
반드시 나를 따르리니
내가 여호와의 집에 영원히 살리로다
시편 23장 6절

우리를 구원하시되 우리가 행한 바
의로운 행위로 말미암지 아니하고
오직 그의 긍휼하심을 따라 중생의 씻음과
성령의 새롭게 하심으로 하셨나니
디도서 3장 5절
"

 # 하나님의 작정

하나님의 작정은 하나님의 뜻을 기초로 결정되며, 이 작정을 이루어가시는 하나님의 간섭이 섭리이다. 모든 것을 아시고 지극히 선하신 하나님의 성품을 기초로 하여 이루어지며 작정의 목적은 하나님의 영광을 위함이다.

과연 하나님의 작정이나 섭리는 개인의 자유적 행동이나 인간 활동의 모든 동기를 제거하는 것일까?

그렇지 않다. 인간은 배우가 자기의 생각이 아닌 극작가의 말이나 읊조리다가 무대 뒤로 사라지는 것처럼 그런 하찮은 존재가 아니다.

영국에서는 한때 자연신론(自然神論)이 신앙인들을 혼란에 빠뜨린 때가 있었다.

하나님의 작정을 부인하는 것도 모든 것을 하나님의 작정에 떠맡기는 것도 잘못이다.

그럼 하나님의 작정이란 무엇인가? 하나님의 목적을 이루어가는 요소에는 세 가지가 있다.

지극히 지혜롭고 거룩한 뜻에 따라 목적하시는 바를 정하신 것이 하나님의 작정이며

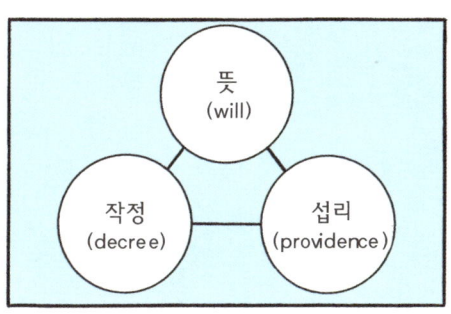

이 작정을 이루시기 위해 그가 만드신 만물을 감독하거나 통치하시는 것이 섭리이다.

하나님의 작정은 하나님의 뜻을 기초로 결정되며 이 작정을 이루어가시는 하나님의 간섭이 섭리이다.

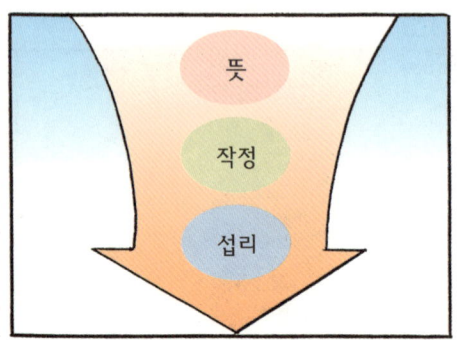

하나님의 작정은 모든 것을 아시고 지극히 선하신 하나님의 성품을 기초로 하여 이루어지며 작정의 목적은 하나님의 영광을 위함이다.

하나님의 작정을 이루어가심에 있어서는 정하신 바를 반드시 생기게 하는 유효적 작정이 있는가 하면 단지 허용하시는 경우도 있다.

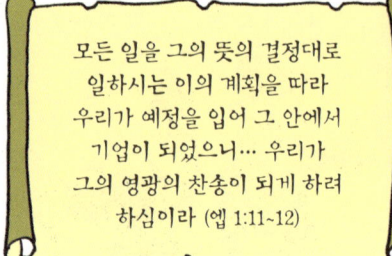

모든 일을 그의 뜻의 결정대로 일하시는 이의 계획을 따라 우리가 예정을 입어 그 안에서 기업이 되었으니… 우리가 그의 영광의 찬송이 되게 하려 하심이라 (엡 1:11~12)

하나님의 허용하심에 따라 인간은 말하고 행동하지만 신자들은 무엇을 하든지 다 하나님의 영광을 위한 삶을 살아가도록 힘써야 하겠다.

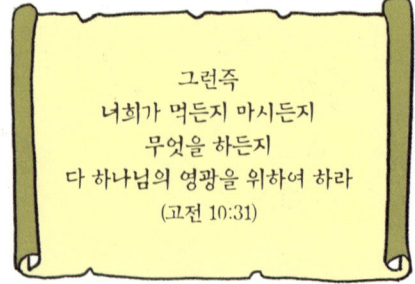

그런즉
너희가 먹든지 마시든지
무엇을 하든지
다 하나님의 영광을 위하여 하라
(고전 10:31)

하나님의 창조

하나님의 사역에 가장 대표적인 것이 창조 사역이다. 성경은 천지만물이 모두 다 하나님의 말씀으로 창조되었음을 말하고 있다.

하나님의 사역에 최초요, 가장 대표적인 것이 창조 사역이다.

태초에 하나님이 천지를 창조 하시니라
(창 1:1)

첫째 날에 빛을 창조하시고

하나님이 이르시되 빛이 있으라 하시니 빛이 있었고
(창 1:3)

둘째 날은 궁창(하늘)을 만드시고

하나님이 궁창을 만드사 궁창 아래의 물과 궁창 위의 물로 나뉘게 하시니
(창 1:7)

셋째 날은 땅과 바다와 온갖 식물을 창조하셨다 (창 1:9~13).

넷째 날에 해와 달과 별들을 만드시고 (창 1:14~19)

다섯째 날에 물고기와 새들을 그 종류대로 창조하시고 (창 1:20~23)

여섯째 날에 각 종류의 동물과 사람을 창조하셨다 (창 1:24~27).

성경은 천지만물이 다 하나님의 말씀으로 창조되었음을 말하고 있다.

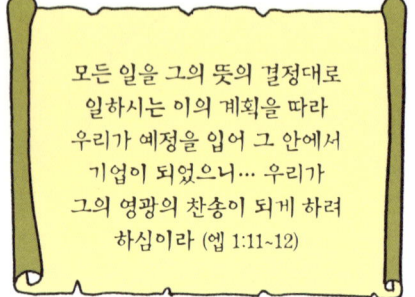

모든 일을 그의 뜻의 결정대로 일하시는 이의 계획을 따라 우리가 예정을 입어 그 안에서 기업이 되었으니… 우리가 그의 영광의 찬송이 되게 하려 하심이라 (엡 1:11~12)

그러나 무신론적 과학이나 철학은 하나님의 창조를 부정한다.

우주는 누가 만든 게 아니고 저절로 생겨났다!

아메바에서 점점 진화하여 사람이 됐다!

오이지야, 거기서 뭘하니?

원숭이를 관찰하고 있어.

하나님의 삼위일체

하나님은 사람을 창조하실 때 〈우리〉라는 복수 대명사를 사용하심으로 한 분 하나님 안에 세 위격이 계심을 표현하였다. 이와 같이 세 분이시며 동시에 한 분이시고, 한 분이시나 세 분이신 하나님을 삼위일체라는 말로 표현한다.

세상의 수학으로는 풀 수 없는 계산이 있으니 곧 하나가 셋이고, 셋이 하나라는 하나님의 삼위일체이다.

세 분이 나타나시면서도 그 본체가 하나이신 하나님을 설명할 때 성경에서 쓰이고 있는 예들을 살펴보면…

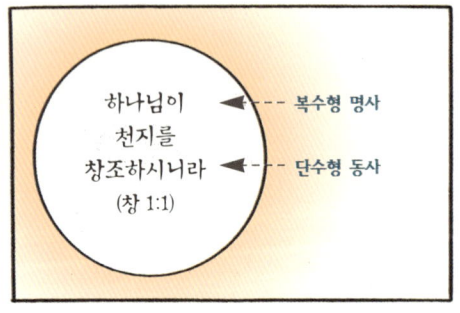

사람을 창조하실 때 〈우리〉라는 복수 대명사를 사용하심으로 한 분 하나님 안에 세 위격이 계심을 표현하였다.

이와 같이 세 분이시며 동시에 한 분이시고, 한 분이시나 세 분이신 하나님을 삼위일체라는 말로 표현한다.

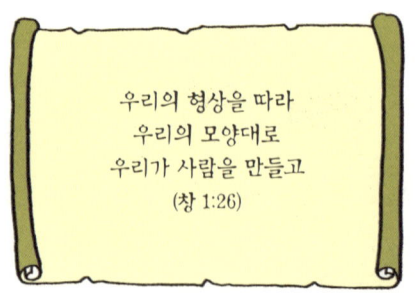

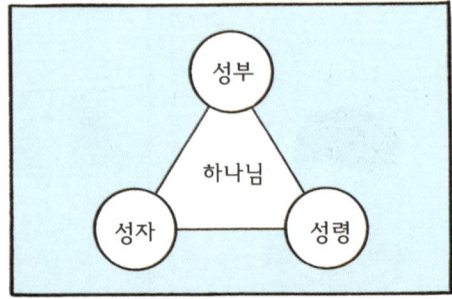

하나님의 삼위일체를 잘못 오해하며 하나님은 세 분이라고 하는 삼신론(三神論)이 되어 기독교를 다신교로 몰아가게 된다.

기독교를 이도교적인 다신교로부터 보호하시기 위해 하나님께서 유일성을 강조하셨다.

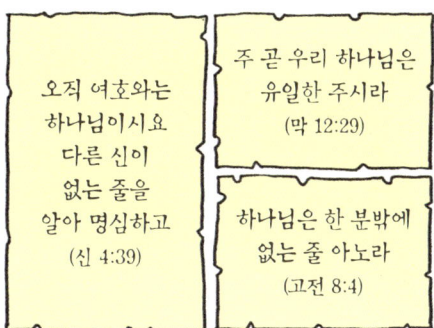

반면에 하나님의 단일성을 지나치게 강조하다 보면 예수님과 성령의 신성이나 인격성을 무시하는 일신론이 된다.

삼위일체 비밀은 사람의 머리로가 아니라 하나님의 계시로 알 수 있는 진리이다.

> 하나님이 이르시되 우리의 형상을 따라
> 우리의 모양대로 우리가 사람을 만들고
> 창세기 1장 26절
>
> 말씀이 하나님과 함께 계셨으니
> 이 말씀은 곧 하나님이시니라
> 요한복음 1장 1절
>
> 그러므로 너희는 가서 모든 민족을 제자로 삼아
> 아버지와 아들과 성령의 이름으로 세례를 베풀고
> 마태복음 28장 19절

 # 삼위일체 반대론

삼위일체 반대론은 가현설(假現設), 아리우스의 이단설, 독재론(獨裁論)이 있다.

① 가현설(假現設)
사도들이 생존하던 시대에 이미 그리스도께서 육체로 오신 것을 반대하던 이단적 주장이 있었다.

사도 요한은 그리스도께서 육체로 오신 것을 반대하는 주장은 하나님께 속한 것이 아니라고 했다.

> 곧 예수 그리스도께서 육체로 오신 것을 시인하는 영마다 하나님께 속한 것이요 예수를 시인하지 아니하는 영마다 하나님께 속한 것이 아니니…
> (요일 4:2~3)

에베소에서 노년시절을 보내던 사도 요한이 어느날 목욕탕에 갔는데…

② 아리우스의 이단설
주후 318년 아프리카 알렉산드리아에 아리우스라는 장로가 있었다.

그러자 알렉산드리아 교회의 감독 알렉산더와 부감독 아타나시우스가 아리우스의 이단설에 맞서 대항했다.

로마의 콘스탄틴 대제가 이러한 교회 내의 분열을 걱정하며…

주후 325년 니케아에서 최초의 교회 회의가 소집되었다.

③ 독재론(獨裁論)
하나님의 독점적 지배를 주장하여 양자론적 독재론 또는 역동적 독재론과

> 이로써 너희가 하나님의 영을 알지니
> 곧 예수 그리스도께서 육체로 오신 것을
> 시인하는 영마다 하나님께 속한 것이요
> 예수를 시인하지 아니하는 영마다
> 하나님께 속한 것이 아니니
> 이것이 곧 적그리스도의 영이니라
> 오리라 한 말을 너희가 들었거니와
> 지금 벌써 세상에 있느니라
>
> 요한일서 4장 2~3절

Chapter 03

천사에 대하여

천사는 영적 존재이기 때문에 사람의 눈에 보이지 않는다. 천사들은 하나님께서 지으신 피조물일 뿐 경배받을 존재는 아니다. 오히려 구원받은 후사들을 위하여 섬기도록 보내심을 받은 하나님의 부리시는 영이다. 천사들은 에덴 동산의 입구를 지키며 하나님의 보좌를 수호하는 임무를 가지고 있다.

천사론

천사는 영적 존재이기 때문에 사람의 눈에 보이지 않는다. 천사들은 하나님께서 지으신 피조물 (느 9:6, 골 1:16)일 뿐 경배 받을 존재는 아니다. 오히려 구원받은 후사들을 위하여 섬기도록 보내심을 받은 하나님의 부리시는 영이다 (히 1:14).

천사는 영적 존재이기 때문에 사람의 눈에 보이지 않는다.

다만 그들이 자기 자신을 나타내 보이는 현현(顯現)의 경우에만 사람의 모습으로 나타나 보일 수가 있다 (창 19).

천사는 사람보다 힘이 세고 (벧후 2:11) 지혜도 훨씬 많다 (삼하 14:20).

천사들 중 천사들을 거느리는 천사장 미가엘이 있다 (단 10:13, 12:1, 유 1:9).

미가엘이라는 말은 〈누가 하나님과 같으리요〉라는 뜻으로 영어로는 마이클이라고 읽는다. 많은 사람들이 이 이름을 사용한다.

〈하나님은 강하시다〉라는 의미의 가브리엘은 소식을 전하는 역할을 맡는다 (단 9:12, 눅 1:19).

하나님의 보좌를 수호하고 시중드는 천사들로 그룹과 스랍이 있다.

그룹들은 에덴 동산의 입구를 지키며 (창 3:24) 하나님의 보좌를 수호하는 임무를 가지고 있다 (시 80:1, 99:1).

스랍들은 예배자가 올바로 예배하고 봉사하도록 하고…

정결하게 하는 역할을 맡은 천사들이다 (사 6:6~7).

그러나 천사들은 하나님께서 지으신 피조물 (느 9:6, 골 1:16)일 뿐 경배를 받을 존재는 아니다. 오히려 구원받은 후사들을 위하여 섬기도록 보내심을 받은 하나님의 부리시는 영이다 (히 1:14).

 # 천사들의 타락

성경은 하나님께서 지으신 천사들 중 일부가 하나님을 반역하다가 타락하여 사탄과 귀신이 되었다고 말하고 있다.

페르시아의 조로아스터교나 마니교 등에서는 하나님과 사탄이 영원 전부터 투쟁해오고 있다고 가르친다.

그러나 성경은 태초에 하나님만 계셨고 지으신 모든 만물이 하나님 보시기에 좋았다고 증거하고 있다 (창 1:31).

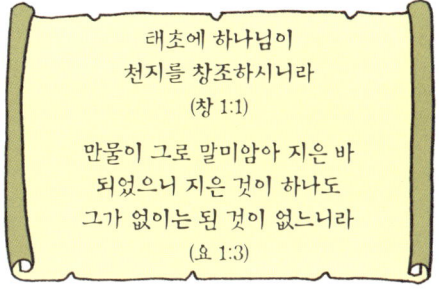

영원 전의 태초에는 사탄도 악한 것도 없었다, 그렇다면 악은 어디로부터 왔을까?

성경은 하나님께서 지으신 천사들 중 일부가 하나님을 반역하다가 타락하여 사탄과 귀신이 되었다고 말하고 있다.

천사가 하나님을 반역하고 타락하게 된 배경에는 두 가지의 원인을 찾을 수 있겠다.

첫째는 하나님 중심주의가 아니라 자기 중심적 태도로 자유의지를 남용한 것이다.

둘째는 감히 창조주이신 하나님을 능가하려는 교만이다.

우리도 예수님과 같이 나의 주장이나 나의 뜻을 하나님의 뜻에 복종시켜서 살아가야 할 뿐 아니라…

하나님께 받은 바 축복이 클수록 더욱 겸손하고 감사해야 하겠다.

전설에 따르면 타락한 천사의 우두머리는 〈루시퍼〉였다고 하는데

타락하기 전에는 천사들 세계에서 아주 높은 위치에 있었다고 한다.

자기 지위를 지키지 않고 자기 처소를 떠난 천사들 (유 1:6)이 타락하여 지금도 하나님을 반역하며 인간을 유혹하고 있다.

우리가 이 유혹을 이기려면 항상 말씀을 가까이 하고 깨어서 기도할 뿐 아니라…

그 말씀 안에 내가 거하고 있는지를 늘 살피고 점검해야 할 것이다.

마지막 심판 날에는 타락한 천사들이 심판을 받아 (고전 6:3) 지옥, 즉 영원한 불못에 던지우게 될 것이다 (마 25:41, 계 20:10).

> 또 그들을 미혹하는 마귀가
> 불과 유황 못에 던져지니
> 거기는 그 짐승과 거짓 선지자도 있어
> 세세토록 밤낮 괴로움을 받으리라
>
> 요한계시록 20장 10절

 # 마귀와 귀신들

귀신들의 대장은 마귀이며 마귀는 사탄의 별명이다. 마귀도 기적 같은 마술을 행한다. 그러나 기적은 인간의 호기심을 자극할 뿐, 영혼에 유익은 없다.

귀신들의 대장은 마귀이며 마귀는 사탄의 별명이다. 그외 여러 가지 별명으로 불린다.

귀신들은 사탄의 명령에 따라 인간을 괴롭히며 유혹한다.

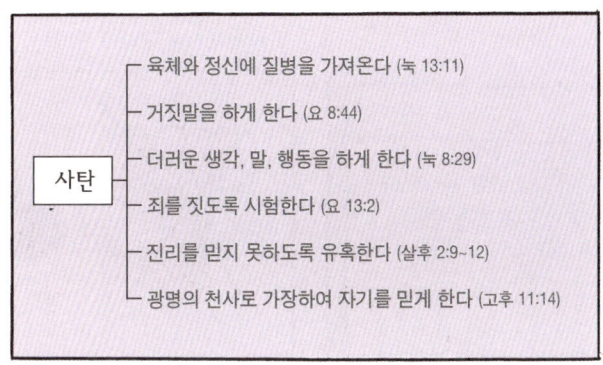

마귀는 하나님의 일인 것같이 가장하기 때문에 신자들은 그 영이 하나님께 속하였는지 시험해보아야 한다 (요일 4:1~3).

대환란기에는 많은 사람들이 귀신을 섬기고 우상 숭배를 하게 될 것이다 (계 9:20).

마귀나 귀신들은 제한적이기는 하지만 사람보다 지혜가 있고 힘이 있기 때문에 많은 사람들이 귀신에게 앞날의 길흉(吉凶)을 묻는다.

하나님께서는 점치는 일을 금하시고 복술자나 요술하는 자나 무당 등을 미워하신다 (레 19:26, 신 18:10).

신자들은 점을 치지 말아야 하며 과학이니 통계니 하는 말에 속아 사주, 토정비결, 풍수설 같은 미신에 빠지지 말아야 한다.

점쟁이나 길흉을 말하는 자나
요술하는 자나 무당이나 진언자나
신접자나 박수나 초혼자를
너희 가운데에 용납하지 말라
(신 18:10~11)

재미 삼아서 손금을 보거나 오늘의 운세 등을 보는 것도 신자들에게는 마땅하지 않다.

마귀도 기적 같은 마술을 행한다. 그러나 이러한 기적은 인간의 호기심을 자극할 뿐, 영혼에 유익은 없다.

예수님께서 한 아이가 먹을 점심으로 5,000명을 먹이셨을 때 사람들이 놀라 따라왔지만…

기적이 아니라 말씀에 의지하여 신앙 생활을 하기를 권면하셨다 (요 6:26~29, 63).

정리해 볼까요?

1. 천사론

천사는 영적 존재이기 때문에 사람의 눈에 보이지 않는다. 다만 그들이 자기 자신을 나타내 보이는 현현(顯現)의 경우에만 사람의 모습으로 나타나 보일 수가 있다 (창 19). 천사는 사람보다 힘이 세고 (벧후 2:11) 지혜도 훨씬 많다 (삼하 14:20). 천사들 중 천사들을 거느리는 천사장 미가엘이 있다 (단 10:13, 12:1, 유 1:9). 〈하나님은 강하시다〉라는 의미의 가브리엘은 소식을 전하는 역할을 맡는다 (단 9:12, 눅 1:19). 하나님의 보좌를 수호하고 시중드는 천사들로 그룹과 스랍이 있다. 그러나 천사들은 하나님께서 지으신 피조물 (느 9:6, 골 1:16)일 뿐 경배를 받을 존재는 아니다. 오히려 구원받은 후사들을 위하여 섬기도록 보내심을 받은 하나님의 부리시는 영이다 (히 1:14).

2. 천사들의 타락

성경은 하나님께서 지으신 천사들 중 일부가 하나님을 반역하다가 타락하여 사탄과 귀신이 되었다고 말하고 있다. 천사가 하나님을 반역하고 타락하게 된 배경에는 두 가지의 원인을 찾을 수 있겠다. 첫째는 하나님 중심주의가 아니라 자기 중심적 태도로 자유의지를 남용한 것이다. 둘째는 감히 창조주이신 하나님을 능가하려는 교만이다.

자기 지위를 지키지 않고 자기 처소를 떠난 천사들 (유 1:6)이 타락하여 지금도 하나님을 반역하며 인간을 유혹하고 있다. 마지막 심판 날에는 타락한 천사들이 심판을 받아 (고전 6:3) 지옥, 즉 영원한 불못에 던지우게 될 것이다 (마 25:41, 계 20:10).

3. 마귀와 귀신들

귀신들의 대장은 마귀이며 마귀는 사탄의 별명이다. 귀신들은 사탄의 명령에 따라 인간을 괴롭히며 유혹한다. 마귀는 하나님의 일인 것같이 가장하기 때문에 신자들은 그 영이 하나님께 속하였는지 시험해보아야 한다 (요일 4:1~3). 마귀나 귀신들은 제한적이기는 하지만 사람보다 지혜가 있고 힘이 있기 때문에 많은 사람들이 귀신에게 앞날의 길흉(吉凶)을 묻는다. 하나님께서는 점치는 일을 금하시고 복술자나 요술하는 자나 무당 등을 미워하신다 (레 19:26, 신 18:10). 재미 삼아서 손금을 보거나 오늘의 운세 등을 보는 것도 신자들에게는 마땅하지 않다.

Chapter 04

인간에 대하여

사람은 인격과 정신 그리고 영혼을 지니고 있기에 만물의 영장이며 가치있는 존재가 되는 것이다. 이러한 인간이 타락한 원인은 마귀의 유혹과 인간의 잘못된 선택 때문이다. 하와는 마귀의 유혹을 받을 때 하나님의 말씀을 자기 마음대로 축소하고 변경했다. 하나님의 말씀에 대해 분명한 지식을 갖고 있지 못하면 마귀는 이를 악용하여 유혹한다.

인간의 기원

인간은 다른 동물과 달리 하나님의 형상을 따라 지음을 받았다. 하나님의 형상이란 육체의 모양이 아니라 영혼의 모습을 가리킨다. 최초의 인간은 하나님의 도덕적 성품인 참되고 거룩함, 올바르고 사랑이 넘치는 모습에 따라 영생하는 지적 존재로 지음을 받았다.

인간은 언제부터 어떻게 존재하기 시작했을까?

그러나 성경은 하나님께서 모든 만물을 창조하시되 각 종류의 생물을 하나하나 다른 종으로 만드신 결과라고 말한다.

인간은 다른 동물과 달리 하나님의 형상을 따라 지음을 받았다.

> 하나님의 땅의 짐승을
> 그 종류대로,
> 가축을 그 종류대로,
> 땅에 기는 모든 것을
> 그 종류대로 만드시니
> 하나님이 보시기에 좋았더라
> (창 1:25)

> 하나님이 자기 형상
> 곧 하나님의 형상대로
> 사람을 창조하시되
> 남자와 여자를 창조하시고
> (창 1:27)

하나님은 영이시기 때문에 하나님의 형상이란 육체의 모양이 아니라 영혼의 모습을 가리킨다.

최초의 인간은 하나님의 도덕적 성품인 참되고 거룩함, 올바르고 사랑이 넘치는 모습에 따라 영생하는 지적 존재로 지음을 받았다.

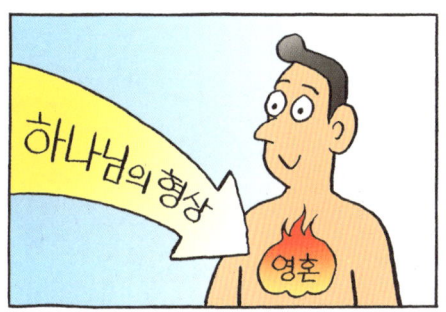

이와 같이 사람들은 다른 동물들에게 없는 영혼을 가지고 있다. 그러므로 사람은 만물의 영장(靈長)이 된 것이다.

사람은 육체와 영혼을 가지게 되었는데 영혼은 하나님의 형상을 따라 지어졌고 육체는 다른 동물들처럼 흙으로 만들어졌다.

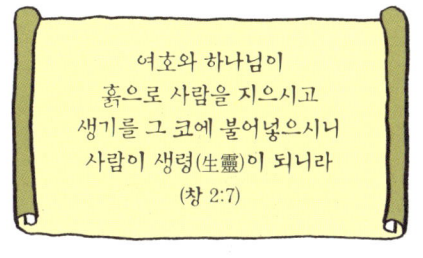

무신론자나 공산주의자들은 유물주의(唯物主義) 사상을 가지고 있다.

인류 최초의 우주인이었던 소련의 유리 가가린은 우주에 다녀와서…

그러나 미국인으로 달에 갖다온 우주 비행사 유진 세르난은…

유물주의적 사고 방식을 가진 사람들은 오직 육체만을 위하여 동물과 다름 없이 살아간다.

그러나 지혜있는 사람들은 육체에 관한 것보다 영혼의 문제에 더 깊은 관심을 갖는다.

몸은 병들고 언젠가는 죽지만, 영혼은 불멸하며 존귀하신 하나님의 형상을 따라 창조된 것을 믿기 때문이다.

하나님의 피조물인 사람들은 창조주이신 하나님을 경외하며 하나님의 뜻을 따라 살아야 삶의 보람도 있고 영원한 삶을 누리게 된다.

> 하나님이 자기 형상
> 곧 하나님의 형상대로 사람을 창조하시되
> 창세기 1장 27절

> 하나님이 우리를 구원하사
> 거룩하신 소명으로 부르심은
> 우리의 행위대로 하심이 아니요
> 오직 자기의 뜻과 영원 전부터
> 그리스도 예수 안에서
> 우리에게 주신 은혜대로 하심이라
> 디모데후서 1장 9절

인간의 가치와 구조

사람은 인격과 정신 그리고 영혼을 지니고 있기에 만물의 영장이며 가치있는 존재가 되는 것이다.

사람의 영혼은 하나님의 형상을 따라 지음받은 것이다.

하나님이 이르시되 우리의 형상을 따라 우리의 모양대로 우리가 사람을 만들고 (창 1:26)

하나님이 자기 형상 곧 하나님의 형상대로 사람을 창조하시되 남자와 여자를 창조하시고 (창 1:27)

이 영혼의 가치가 천하보다 귀하기에 예수님께서 피흘려 우리를 구하셨다.

육체는 늙고 병들고 죽지만 영혼은 불멸한다.

육체는 영혼을 담는 그릇에 불과하며 시간이 흐를수록 낡아지다가 마침내 깨어지는 질그릇처럼 죽음을 맞는다.

인간의 구조를 육체와 영혼으로 이해하는 방법을 이분법이라고 한다.

오직 몸과 영혼을 능히 지옥에 멸하실 수 있는 이를 두려워하라 (마 10:28)

육체로는 죽임을 당하시고 영으로는 살리심을 받으셨으니… (벧전 3:18)

인간의 구조를 육, 혼, 영으로 세분하는 방법을 삼분법이라고 한다.

너희의 온 영과 혼과 몸이 우리 주 예수 그리스도께서 강림하실 때에 흠 없게 보존되기를 원하노라 (살전 5:23)

혼과 영과 및 관절과 골수를 찔러 쪼개어까지 하며… (히 4:12)

오직 사람에게만 있는 불멸적인 요소가 〈영〉인데 하나님과 교통하는 역할을 담당하고 있는 부분이다.

죄와 허물로 죽었던 〈영〉이 그리스도 예수로 말미암아 다시 살아나는 것이 '중생(重生)'이고, 정욕과 탐심을 십자가에 못 박은 상태, 즉 〈혼〉이 깨끗해진 상태를 '성결(聖潔)'이라고 하며…

우리의 〈육체〉가 예수님의 재림 때에 썩지 않을 몸으로 갈아입게 될 것 (고전 15:52)을 '부활(聖潔)'이라고 한다. 할렐루야!

> 보라 내가 너희에게 비밀을 말하노니
> 우리가 다 잠 잘 것이 아니요
> 마지막 나팔에 순식간에 홀연히 다 변화되리니
> 나팔 소리가 나매 죽은 자들이 썩지 아니할 것으로
> 다시 살아나고 우리도 변화되리라
> 이 썩을 것이 반드시 썩지 아니할 것을 입겠고
> 이 죽을 것이 죽지 아니함을 입으리로다
> 고린도전서 15장 51~53절

 영혼의 기원

모든 사람은 아담의 죄로 인해 부패한 본성을 타고 난다 (롬 5:12). 부모로부터 죄로 오염된 영혼을 물려 받음으로 원죄를 지니고 태어나는 사람은 어머니 뱃속에서부터 죄인이다. 그렇기 때문에 모든 사람은 예외 없이 그리스도의 속죄를 통해 그 영혼이 거듭나는 구원의 은혜를 받아야 한다.

인간의 영혼은 어디로부터 언제 어떻게 육체에 들어오는가?

영혼의 기원을 논의하는 주장에는 세 가지 학설이 있다.

① 영혼 선재설
② 영혼 창조설 — 성경적 근거가 약하다.

③ 영혼 유전설 — 성경적으로 가장 타당성을 가졌다.

영혼 선재설
인간의 영혼이 육체보다 먼저 존재하고 있다는 학설.

내가 맨 처음 영혼 선재설을 주장했지.

즉, 육체가 만들어지기 전에 이미 존재하고 있던 영혼이 신체가 조성되는 초기의 어느 시점에 인간의 몸 속으로 들어온다는 주장이지.

플라톤

오리겐이란 신학자도 영혼 선재설을 주장했다.

영혼 창조설 개개인의 영혼을 하나님께서 그 때마다 창조해주신다는 학설.

*몸은 부모로부터 물려 받지만 영혼은 그때마다 하나님께서 직접 지어주신다는 설.

영혼 유전설 부모로부터 몸과 영혼을 함께 물려 받는다는 학설.

하나님의 창조는 엿새 동안에 완전히 끝나고 일곱째 날에 안식하셨기 때문에 지금도 영혼을 창조하고 계신다는 것은 성경과 합치되지 않는 주장이다.

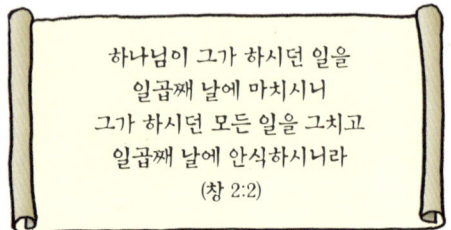

하나님이 그가 하시던 일을
일곱째 날에 마치시니
그가 하시던 모든 일을 그치고
일곱째 날에 안식하시니라
(창 2:2)

창세기 5장 3절의 기록은 육체뿐 아니라 영혼을 포함한 전인적인 후손을 얻었다는 것으로 해석해야 할 것이다.

따라서 아담의 자손된 모든 사람은 아담의 죄로 인해 부패한 본성을 타고 나는 것이다 (롬 5:12).

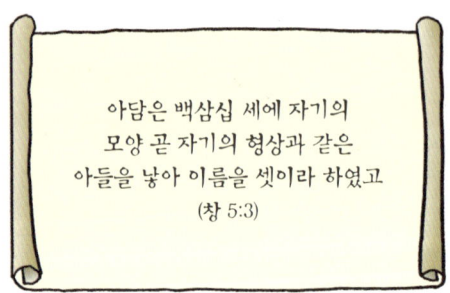

아담은 백삼십 세에 자기의
모양 곧 자기의 형상과 같은
아들을 낳아 이름을 셋이라 하였고
(창 5:3)

죄 ─ 원죄   조상으로부터 물려 받은 죄. 유전죄.
    └ 자범죄   자기의 의지에 따라 실제로 짓는 죄.

부모로부터 죄로 오염된 영혼을 물려 받음으로 원죄를 지니고 태어나는 사람은 어머니 뱃속에서부터 죄인이다.

그렇기 때문에 모든 사람은 예외 없이 그리스도의 속죄를 통해 그 영혼이 거듭나는 구원의 은혜를 받아야 한다.

 # 인간의 타락

인간이 타락한 원인은 마귀의 유혹과 인간의 잘못된 선택 때문이다.

하나님이 보시기에도 좋았던 인간이 왜 타락했을까?

그 원인은 마귀의 유혹과 인간의 잘못된 선택 때문이다.

마귀의 시험은 예수님도 당하셨기 때문에 (마 4:3, 눅 4:2) 사람에게 오는 것은 이상한 일이 아니다.

다만 예수님은 시험을 이기셨는데 아담과 하와는 실패했다.

하와는 마귀의 유혹을 받을 때 하나님의 말씀을 자기 마음대로 축소하고 변경했다.

하나님의 말씀에 대해 분명한 지식을 갖고 있지 못하면 마귀는 이를 악용하여 유혹한다.

그래서 우리는 말씀, 즉 성경을 잘 배우고 깨달아 알 뿐 아니라 순종하며 살아가야 하겠다.

인간의 욕망은 하나님께서 금하신 열매를 따먹게 했다.

이 세상의 모든 죄는 자기를 높이려는 교만, 육체의 정욕, 안목의 정욕으로부터 온다.

하나님께서는 인간에게 자기들이 결정하고 실천할 수 있는 능력, 즉 자유의지(自由意志)를 주셨다.

교만과 욕심은 인간이 타락한 원인일 뿐 아니라 천사가 타락한 원인이기도 하다.

어거스틴은 사람이 가져야 할 가장 중요한 덕목에 대해서…

예수님께서도 말씀하시길…

하나님을 높이고 다른 사람을 나보다 낫게 여기는 마음의 자세와 생활이 우리를 겸손하게 한다.

겸손하게 하나님의 말씀에 순종하며 살아갈 때 우리는 죄와 타락의 길에서 벗어날 수 있다.

" 사람이 떡으로만 살 것이 아니요
하나님의 입으로부터 나오는
모든 말씀으로 살 것이라
마태복음 4장 4절

하나님은 교만한 자를 대적하시되
겸손한 자들에게는 은혜를 주시느니라
그러므로 하나님의 능하신 손 아래에서 겸손하라
때가 되면 너희를 높이시리라
베드로전서 5장 5~6절

 # 타락의 결과

죄는 하나님과의 교제를 파괴한다. 이것은 곧 영적인 죽음을 의미한다. 〈허물과 죄〉를 용서 받지 못한 사람은 영적으로 죽은 사람이다.

죄를 지으면 부끄러움과 두려움을 느끼게 된다.

죄를 지은 후에는 스스로 자기의 부끄러움을 감추려 노력한다.

그러나 죄는 감출수록 더욱 자라난다. 우리아의 아내를 범한 다윗은…

결국 다윗은 간음죄에 살인죄까지 더하게 되었다.

죄 지은 사람은 자기의 죄를 핑계하고 남에게 책임을 미룬다.

핑계함으로 죄가 없어지는 것이 아니다. 죄는 그 죄의 임자를 찾아내고 말기 때문이다 (민 32:23).

죄는 하나님과의 교제를 파괴한다. 이것은 곧 영적인 죽음을 의미한다.

〈허물과 죄〉를 용서 받지 못한 사람은 영적으로 죽은 사람이다.

사람이 죽으면 육체는 흙으로, 영혼은 주인이신 하나님께 돌아간다.

인간의 죄로 말미암아 죽음과 질병이 왔고 다른 모든 피조물도 함께 탄식하며 함께 고통을 당하게 된다.

예수님은 우리의 영혼을 깨끗하게 하실 뿐 아니라 인간의 연약함과 질병까지 담당하셨다.

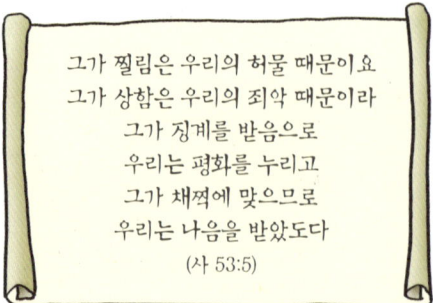

고통의 원인은 죄다. 죄의 해결을 위한 회개의 운동이 일어나야 하겠다.

똥판지 작가 김우영의 만화 신학이야기

정리해 볼까요?

1. 인간의 기원

인간은 다른 동물과 달리 하나님의 형상을 따라 지음을 받았다. 하나님은 영이시기 때문에 하나님의 형상이란 육체의 모양이 아니라 영혼의 모습을 가리킨다. 최초의 인간은 하나님의 도덕적 성품인 참되고 거룩함, 올바르고 사랑이 넘치는 모습에 따라 영생하는 지적 존재로 지음을 받았다.

2. 인간의 가치와 구조

사람은 인격과 정신 그리고 영혼을 지니고 있기에 만물의 영장이며 가치있는 존재이다. 이 영혼의 가치가 천하보다 귀하기에 예수님께서 피흘려 우리를 구하셨다. 육체는 영혼을 담는 그릇에 불과하며 시간이 흐를수록 낡아지다가 마침내 깨어지는 질그릇처럼 죽음을 맞는다. 겉사람, 즉 흙으로 돌아가는 것이 〈육체〉이고 이해, 감각, 감정 등을 주관하는 부분이 〈혼〉이다. 오직 사람에게만 있는 불멸적인 요소가 〈영〉인데 하나님과 교통하는 역할을 담당하고 있는 부분이다. 죄와 허물로 죽었던 〈영〉이 그리스도 예수로 말미암아 다시 살아나는 것이 '중생(重生)'이고, 정욕과 탐심을 십자가에 못 박은 상태, 즉 〈혼〉이 깨끗해진 상태를 '성결(聖潔)'이라고 하며 우리의 〈육체〉가 예수님의 재림 때에 썩지 않을 몸으로 갈아입게 될 것 (고전 15:52)을 '부활(聖潔)'이라고 한다.

3. 영혼의 기원

모든 사람은 아담의 죄로 인해 부패한 본성을 타고 난다 (롬 5:12). 부모로부터 죄로 오염된 영혼을 물려 받음으로 원죄를 지니고 태어나는 사람은 어머니 뱃속에서부터 죄인이다. 그렇기 때문에 모든 사람은 예외 없이 그리스도의 속죄를 통해 그 영혼이 거듭나는 구원의 은혜를 받아야 한다.

4. 인간의 타락

하나님이 보시기에도 좋았던 인간이 왜 타락했을까? 인간이 타락한 원인은 마귀의 유혹과 인간의 잘못된 선택 때문이다. 하와는 마귀의 유혹을 받을 때 하나님의 말씀을 자기 마음대로 축소하고 변경했다.

5. 타락의 결과

죄를 지으면 부끄러움과 두려움을 느끼게 된다. 죄를 지은 후에는 스스로 자기의 부끄러움을 감추려 노력한다. 죄 지은 사람은 자기의 죄를 핑계하고 남에게 책임을 미룬다. 핑계함으로 죄가 없어지는 것이 아니다. 죄는 그 죄의 임자를 찾아내고 말기 때문이다. 죄는 하나님과의 교제를 파괴한다. 이것은 곧 영적인 죽음을 의미한다. 〈허물과 죄〉를 용서 받지 못한 사람은 영적으로 죽은 사람이다.

Chapter 05

죄에 대하여

죄란 하나님이 뜻하시는 것으로부터 벗어나 잘못된 방향으로 가는 것을 의미한다. 성경에서 살펴보면 법을 어기는 것, 모든 불의한 것, 선을 알고도 행하지 않는 것, 믿음을 따라하지 않는 것이다.

 # 죄의 정의

죄는 법을 어기는 것 (요일 3:4), 모든 불의한 것 (요일 5:17), 선을 알고도 행하지 않는 것 (약 4:17), 믿음을 따라하지 않는 것이다 (롬 14:23).

법을 어기는 것이 죄다.

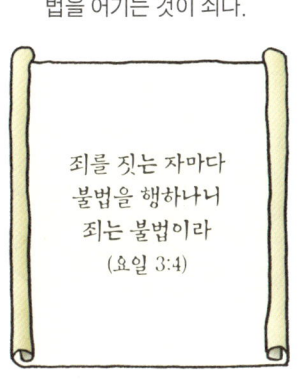

죄를 짓는 자마다 불법을 행하나니 죄는 불법이라 (요일 3:4)

모든 불의한 것이 죄다.

모든 불의가 죄 (요일 5:17)

선을 알고도 행하지 않는 것이 죄다.

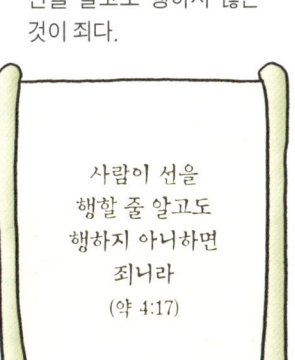

사람이 선을 행할 줄 알고도 행하지 아니하면 죄니라 (약 4:17)

믿음을 따라하지 않는 것이 죄다 (롬 14:23).

죄는 어떤 성질을 가지고 있을까?

죄는 병과 같다. 고치지 못하면 죽는다.

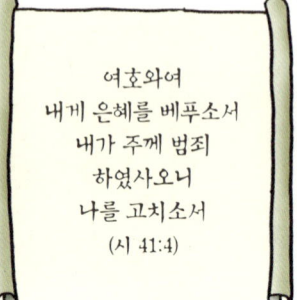

여호와여 내게 은혜를 베푸소서 내가 주께 범죄하였사오니 나를 고치소서
(시 41:4)

죄는 빛과 같은 성질이 있다. 용서받지 못하면 또 다른 죄를 불러온다.

죄는 범하고 도망갈 수 없다.

너희 죄가 반드시 너희를 찾아 낼 줄 알라
(민 32:23)

죄를 지은 자는 겸손하고 정직하게 하나님께 자백하고 죄 용서를 받아야 한다.

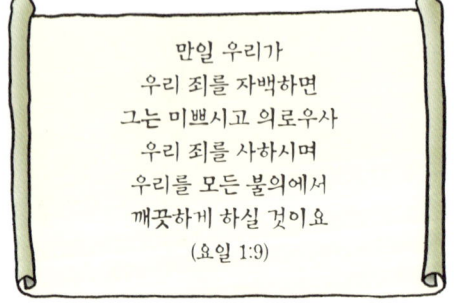

만일 우리가 우리 죄를 자백하면 그는 미쁘시고 의로우사 우리 죄를 사하시며 우리를 모든 불의에서 깨끗하게 하실 것이요
(요일 1:9)

지옥은 죄를 지은 자가 가는 곳이 아니라 죄를 회개하지 않는 자가 가는 곳이다.

우리는 죄를 짓지 말아야 하겠지만 만일 죄를 범하게 되면 곧 회개하여 용서함을 받고 늘 성결한 삶을 살도록 힘써야 한다.

죄의 전염

아담 한 사람으로부터 그의 자손된 모든 후손에게 죄가 전염되었다. 한 사람의 죄가 다른 사람에게 옮겨 가는 것을 신학적으로 〈죄의 전가〉(轉嫁)라 한다.

성경은 이렇게 말한다.

> 그러므로 한 사람으로 말미암아
> 죄가 세상에 들어오고
> 죄로 말미암아 사망이 들어왔나니
> 이와 같이 모든 사람이
> 죄를 지었으므로 사망이 모든
> 사람에게 이르렀느니라
> (롬 5:12)

한 사람의 죄가 다른 사람에게 옮겨 가는 것을 신학적으로 〈죄의 전가(轉嫁)〉라 한다.

죄도 아담 한 사람으로부터 그의 자손된 모든 후손에게 전염된 것이다.

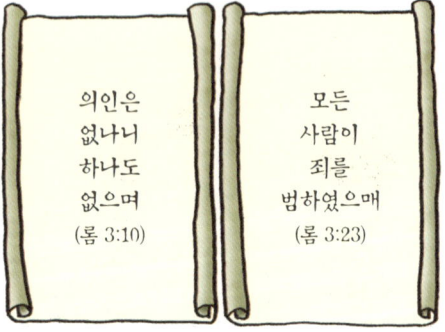

> 의인은
> 없나니
> 하나도
> 없으며
> (롬 3:10)

> 모든
> 사람이
> 죄를
> 범하였으매
> (롬 3:23)

그러나 성경과 어긋난 주장을 한 사람들이 있었다. 영국 수도사 펠라기우스는…

> 그러므로
> 한 사람으로 말미암아
> 죄가 세상에 들어오고
> 죄로 말미암아 사망이 들어왔나니
> 이와 같이 모든 사람이 죄를 지었으므로
> 사망이 모든 사람에게 이르렀느니라
>
> 로마서 5장 12절

형벌과 징계

죄에 대한 책임, 즉 죄의 대가로 주어지는 것이 형벌이다. 징계란 사랑의 동기에서 출발하여 그 잘못을 바로잡아 보려는 뜻에서 행하는 제재를 말한다.

잘못에는 그 잘못에 따른 책임이 있다. 죄에 대한 책임, 즉 죄의 대가로 주어지는 것이 형벌이다.

사람이 잘못을 저질렀을 때 형벌이 아닌 징계가 주어질 때가 있다.

징계란 사랑의 동기에서 출발하여 그 잘못을 바로잡아 보려는 뜻에서 행하는 제재를 말한다.

징계는 사랑하기 때문에, 자식이 잘 되기를 바라기 때문에 행하는 것이다.

어찌 아버지가 징계하지 않는
아들이 있으리요
징계는 다 받는 것이어늘
너희에게 없으면 사생자요
참 아들이 아니니라
(히 12:7~8)

매를 아끼는 자는
그의 자식을 미워함이라
자식을 사랑하는 자는
근실히 징계하느니라
(잠 13:24)

요즘 부모들은 자식을 애지중지 키우느라 징계는커녕 책망도 않고 과보호, 눈먼 사랑을 퍼붓는다.

이렇게 자란 아이들은 마치 손질하지 않은 정원의 나무가 멋대로 자라는 것처럼 자기 중심적 사고와 행동을 거침없이 함으로 사회에 많은 문제를 일으키게 된다.

부모는 한 손에 채찍, 한 손에 교양과 훈계가 담긴 성경을 들고 바른 양육의 책임을 다해야 한다.

우리의 아버지되신 하나님께서도 그 자녀들이 잘못될 때 사랑으로 징계하실 때가 있다.

이 때의 환난과 고통은 오히려 징계를 받는 이에게 유익이 아닐 수 없다.

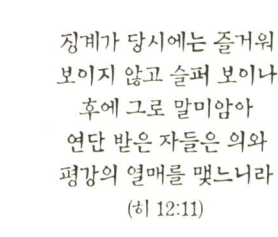

징계가 당시에는 즐거워
보이지 않고 슬퍼 보이나
후에 그로 말미암아
연단 받은 자들은 의와
평강의 열매를 맺느니라
(히 12:11)

고난 당하기 전에는
내가 그릇 행하였더니 이제는
주의 말씀을 지키나이다
(시 119:67)

고난 당한 것이
내게 유익이라
이로 말미암아 내가 주의
율례들을 배우게 되었나이다
(시 119:71)

하나님의 음성을 거역하다가 사랑의 매를 맞았다면 즉시 돌이켜 회개하고 하나님의 품에 안겨 새로운 삶을 살아가야 하겠다.

아담의 불순종으로 인해 모든 인류에게 죄에 대한 형벌, 즉 사망이 선고되었다 (창 2:17).

사망에는 세 가지의 종류가 있다.

① 육체적인 죽음 : 영혼이 몸에서 분리되는 죽음.

② 영적인 죽음 : 죄와 허물 때문에 하나님으로부터 분리되어 있는 상태.

③ 영원한 죽음 : 육체와 영혼이 아울러 지옥에 던져져 영원한 멸망에 들어가는 것.

그리스도 우리 주 예수 안에 있는 자에게는 영생을 주시고 죄인에게는 영원한 사망을 선고하셨다.

> 죄의 삯은 사망이요
> 하나님의 은사는 그리스도
> 예수 우리 주 안에 있는
> 영생이니라
> (롬 6:23)

하나님의 심판은 참되고 의로운 것이다.

> 할렐루야 구원과 영광과 능력이
> 우리 하나님께 있도다
> 그의 심판은 참되고 의로운지라
> 음행으로 땅을 더럽게 한
> 큰 음녀를 심판하사 자기 종들의
> 피를 그 음녀의 손에 갚으셨도다
> (계 19:1~2)

똥딴지 작가 김우영의 만화 신학이야기

정리해 볼까요?

1. 죄의 정의

죄란 성경에서 죄를 가리키는 기본적인 정의는 〈과녁에서 빗나가는 것〉을 의미한다. 여기에서 빗나간다는 것은 하나님이 뜻하시는 것으로부터 벗어나 잘못된 방향으로 가는 것을 의미한다. 성경에서 죄라고 부르는 것을 살펴보면 법을 어기는 것, 모든 불의한 것, 선을 알고도 행하지 않는 것, 믿음을 따라하지 않는 것이 죄다.

2. 죄의 성질

죄는 어떤 성질을 가지고 있을까? 죄는 병과 같다. 고치지 못하면 죽는다. 죄는 빛과 같은 성질이 있다. 용서받지 못하면 또 다른 죄를 불러온다. 죄는 범하고 도망갈 수 없다. 죄를 지은 자는 겸손하고 정직하게 하나님께 자백하고 죄 용서를 받아야 한다. 지옥은 죄를 지은 자가 가는 곳이 아니라 죄를 회개하지 않는 자가 가는 곳이다. 우리는 죄를 짓지 말아야 하겠지만 만일 죄를 범하게 되면 곧 회개하여 용서함을 받고 늘 성결한 삶을 살도록 힘써야 한다.

3. 죄의 전염

한 사람의 죄가 다른 사람에게 옮겨 가는 것을 신학적으로 〈죄의 전가(轉嫁)〉라 한다. 아담 한 사람으로부터 그의 자손된 모든 후손에게 죄가 전염된 것이다.

4. 형벌과 징계

잘못에는 그 잘못에 따른 책임이 있다. 죄에 대한 책임, 즉 죄의 대가로 주어지는 것이 형벌이다. 사람이 잘못을 저질렀을 때 형벌이 아닌 징계가 주어질 때가 있다. 징계란 사랑의 동기에서 출발하여 그 잘못을 바로잡아 보려는 뜻에서 행하는 제재를 말한다. 징계는 사랑하기 때문에, 자식이 잘 되기를 바라기 때문에 행하는 것이다. 우리의 아버지되신 하나님께서도 그 자녀들이 잘못될 때 사랑으로 징계하실 때가 있다. 이 때의 환난과 고통은 오히려 징계를 받는 이에게 유익이 아닐 수 없다. 하나님의 음성을 거역하다가 사랑의 매를 맞았다면 즉시 돌이켜 회개하고 하나님의 품에 안겨 새로운 삶을 살아가야 하겠다.

Chapter 06

기독관에 대하여

그리스도의 부활을 믿는 것은 구원에 필수적이다. 부활 신앙이 없으면 믿음 자체가 헛된 것이다. 예수님은 고난 당하신 후 사흘 만에 부활할 것을 미리 말씀하셨다. 말씀대로 사흘 만에 부활하신 예수님은 제자들에게 나타나 그의 부활을 확인시켜주셨다. 예수님의 부활은 역사적 사실이며 신자들에게는 산 소망이 되었다.

예수님의 신분

예수님은 선지자와 제사장과 왕으로서의 신분을 지니고 계신다.

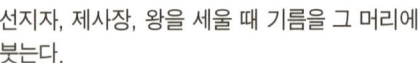

예수님은 선지자와 제사장과 왕으로서의 신분을 지니고 계신다.

선지자, 제사장, 왕을 세울 때 기름을 그 머리에 붓는다.

예수님도 공생애를 시작하실 때 비둘기같이 내린 성령이 그 머리 위에 임하여 오심으로 성령의 기름 부음을 받으셨다.

선지자란 하나님의 말씀을 사람에게 전달하거나 하나님의 뜻을 미리 알리는 역할을 하는 예언자다.

모세는 이렇게 예언했다.

> 네 하나님 여호와께서 너희 가운데
> 네 형제 중에서 너를 위하여 나와 같은
> 선지자 하나를 일으키시리니
> 너희는 그의 말을 들을지니라
> (신 18:15)

모세가 예언한 이 선지자가 곧 예수님이다.

제사장은 백성을 대신하여 하나님께 죄의 용서를 빌어주는 사람이다.

예수님은 소나 양의 피로 속죄하지 않고 자기의 흠 없고 보배로운 피를 가지고 하나님께 나아간 영원한 대제사장이시다 (히 9:12).

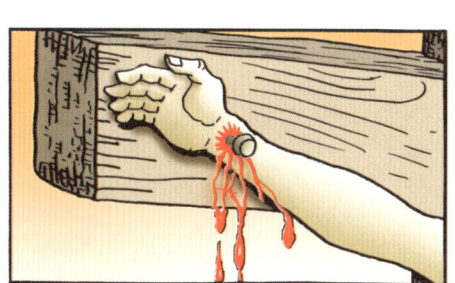

왕의 출생을 예고하는 별을 발견하고 동방의 박사들은 유대 땅으로 왔다.

유대인의 왕으로 나신 이가 어디 계십니까?

그들은 별의 인도함을 따라 베들레헴까지 가서 예수님께 경배했다.

왕이신 아기께 황금과 유향과 몰약을 선물로 드립니다.

주전 700년경에 스가랴 선지자는 이렇게 예언했다.

> 시온의 딸아
> 크게 기뻐할지어다
> 예루살렘의 딸아 즐거이
> 부를지어다 보라 네 왕이
> 네게 임하시나니 그는 공의로우시며
> 구원을 베푸시며 겸손하여서
> 나귀를 타시나니 나귀의 작은 것
> 곧 나귀 새끼니라 (슥 9:9)

예수님은 생애 마지막에 나귀 새끼를 타고 예루살렘으로 입성하셨다.

예수님은 로마 총독인 빌라도에게서 심문을 받으실 때 자신이 유대인의 왕이심을 선언하셨다 (마 27:11).

십자가에 붙여진 명패에도 〈유대인의 왕 예수〉라고 쓰여 있었다.

예수님의 나라는 땅에 속한 나라가 아니기에 우리 죄를 위하여 죽으시고 사흘 만에 부활하셨고 승천하셨다.

마지막 날에 이 땅에 다시 재림하실 때는 만왕의 왕으로, 심판의 주로 오실 것이다.

 ## 예수님의 두 가지 성품

예수님은 두 가지의 성품(신성과 인성)을 똑같이 가지고 계신 완전한 인간이며 완전한 하나님이시다. 이러한 예수님의 성품을 신인양성(神人兩性)이라고 한다.

오늘날 많은 사람들이 예수님을 위대한 성인 중 한 사람으로 알고 있다.

그러나 예수님은 위대한 사람의 경지를 넘어선 하나님의 아들이시다.

예수님의 수제자 베드로는 위대한 신앙고백을 했다.

이 신앙고백이 우리를 구원할 뿐 아니라 그리스도의 교회를 이루는 신앙의 기초석이 된다.

사울은 예수님을 메시아를 자처하는 사기꾼 정도로 알아 예수님의 죽음 뿐 아니라 초대 교회의 일곱 집사 중 하나인 스데반의 죽음을 당연하게 여겼다.

예수를 따르는 이들을 찾아내어 잡아가두고 죽이기 위해 수리아의 수도인 다메섹으로 가는 중에 사울은…

이때부터 자기가 제일 큰 자라는 뜻의 〈사울〉이라는 이름을 제일 작은 자라는 뜻의 〈바울〉로 고치게 되었고 자기가 죄인 중 괴수인 것을 깨닫게 된 것이다.

사울 → 바울 → 죄인 중 괴수
제일 큰 자 제일 작은 자 (딤전 1:15)

명문 가문에서 태어났고 많은 학문을 익힌 박사였던 사울이 예수님을 만나고부터는…

인간 예수가 아니라 부활하신 그리스도로 예수님을 만났던 바울 사도는 자기 자신을 이렇게 소개했다.

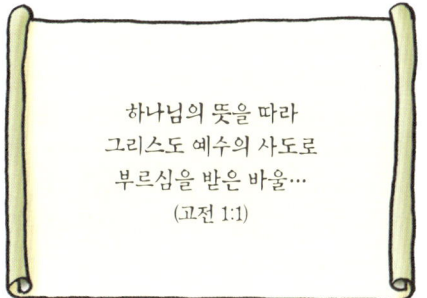

오늘날도 예수라는 이름을 들어 알고 있지만 사울처럼 자기가 소유하고 있는 세상 것들이 너무 많아서 예수님을 찾거나 믿지 못하는 사람들이 많이 있다.

이러한 것들은 여름에 무성했던 풀과 같아서 곧 마르고 쇠하는 것이다.

세세토록 있는 하나님의 말씀과 성경의 중심이 되는 예수님을 아는 것과 소유하는 것이 가장 고상하고 귀중한 것이다.

예수님은 두 가지의 성품(신성과 인성)을 똑같이 가지고 계신 완전한 인간이며 완전한 하나님이시다. 이러한 예수님의 성품을 신인양성(神人兩性)이라고 한다.

예수님의 인성

예수님은 속죄 제물로 희생되어야 했기에 우리와 똑같은 몸과 영혼을 가지고 태어나셨다.

예수님은 죄가 없으시다는 점에서 사람들과 같지 않으나 그외의 모든 면에서 우리와 같은 육체를 가지셨다.

육신은 악하다고 말하는 사람들이 예수님의 성육신(成肉身), 즉 육신이 되신 것을 부정한다.

눈 코 입 손 발 우리와 똑같아요.

천사들이 사람의 눈에 띄게 나타났던 것처럼 예수님도 육체를 가진 것처럼 보였을 뿐이다.

이런 주장을 가현설이라고 한대요.

그러나 사도 요한은…

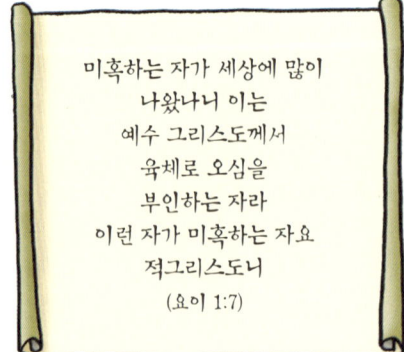

미혹하는 자가 세상에 많이 나왔나니 이는 예수 그리스도께서 육체로 오심을 부인하는 자라 이런 자가 미혹하는 자요 적그리스도니
(요이 1:7)

예수님은 속죄 제물로 희생되어야 했기에 우리와 똑같은 몸과 영혼을 가지고 태어나셨다.

예수님은 키가 자라며 강해지고 지혜가 충만하였다고 한다 (눅 2:40~52).

성령으로 임태하사 여자의 후손으로 태어나신 예수님은 보통 인간들과는 달리 나면서부터 가지고 있는 죄성과는 관계가 없으시니 인류를 구원할 구속주로서의 자격을 가지게 되신 것이다.

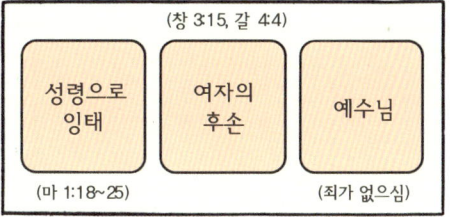

예수님도 죽음을 앞두고 마음에 번민하셨다.

초대교회 시절에는 예수님이 영혼을 가진 것이 아니라 신적인 이성, 즉 로고스를 가지고 태어나신 분이라는 주장도 있었으나 참 사람이 되기 위하여는 영혼을 가지셔야 했다.

예수님은 십자가 위에서 운명하실 때, 그 영혼을 아버지께 부탁하셨다 (눅 23:46).

이와 같이 예수님은 영혼을 가지고 태어났기 때문에 참 인간이시다.

예수님도 길을 가다가 피곤하여 주저 앉으셨고 목마르셨고…

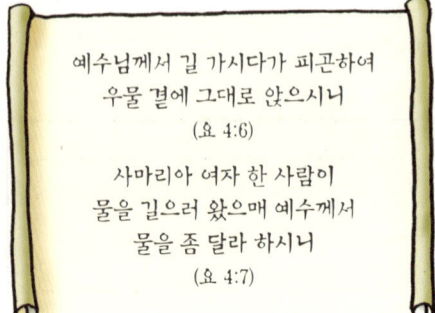

예수님께서 길 가시다가 피곤하여 우물 곁에 그대로 앉으시니
(요 4:6)

사마리아 여자 한 사람이 물을 길으러 왔으매 예수께서 물을 좀 달라 하시니
(요 4:7)

행선하는 배 안에서 잠드셨으며…

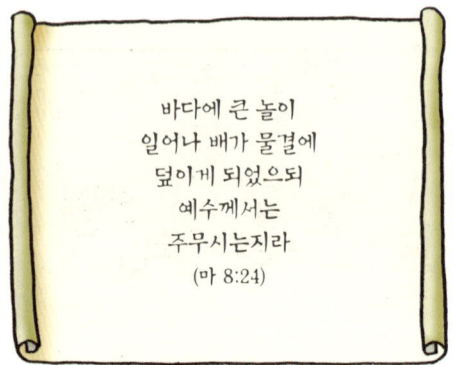

바다에 큰 놀이 일어나 배가 물결에 덮이게 되었으되 예수께서는 주무시는지라
(마 8:24)

금식 기도하신 후에 배고파 하셨으며…

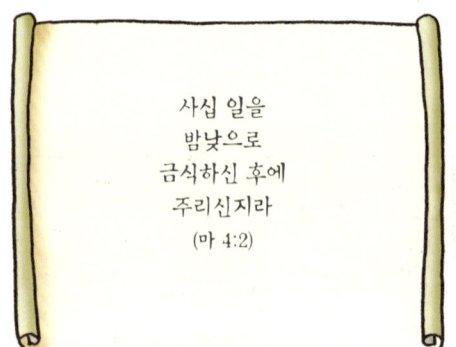

사십 일을 밤낮으로 금식하신 후에 주리신지라
(마 4:2)

연약한 인간으로서 힘을 얻기 위해 하나님께 기도하셨고 그 결과 천사의 도움을 얻기도 하셨다.

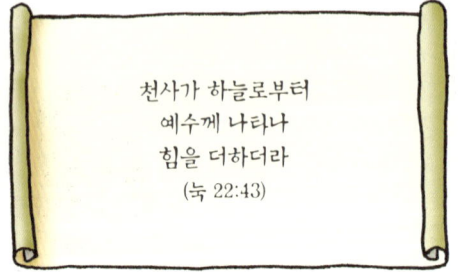

천사가 하늘로부터 예수께 나타나 힘을 더하더라
(눅 22:43)

예수님은 인간의 세 가지 요소인 몸과 영과 혼을 가지고 태어나심으로 참 사람이 되신 것이다.

 # 예수님의 신성 (1)

예수님은 자기를 비워 종의 형체를 가져 사람이 되셨지만 하나님의 성품을 가지고 계신다. 알파와 오메가, 즉 처음과 마지막이 되시는 그리스도는 영원 전부터 계셨고 영원까지 계시는 하나님이시다. 예수님은 신자들이 어느 곳에 있든지 거기에 늘 함께 계시는 분으로 공간을 초월하여 존재하는 하나님이시다.

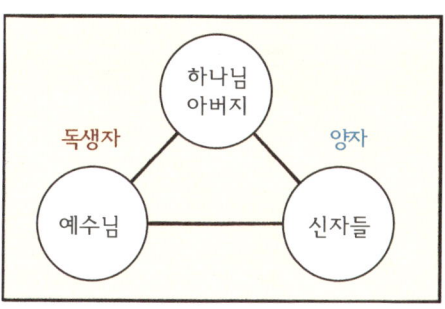

예수님은 자기를 비워 종의 형체를 가져 사람이 되셨지만 하나님이시기 때문에 하나님의 성품을 가지고 계신다.

사람은 시간의 제한을 받으며 시간 속에서 살아간다.

그러나 예수님은 영원하시다. 베들레헴에서 태어나실 그리스도의 근본은 "상고(上古)에 영원에"라고 미가서에 예언되어 있다.

베들레헴 에브라다야 너는
유다 족속 중에 작을지라도
이스라엘을 다스릴 자가
네게서 내게로 나올 것이라
그의 근본은 상고에, 영원에 있느니라
(미 5:2)

그리스도는 유대인의 조상인 아브라함이 나기 전부터 계셨을 뿐 아니라 영원 전부터 계시는 분이다.

알파와 오메가, 즉 처음과 마지막이 되시는 그리스도는 영원 전부터 계셨고 영원까지 계시는 하나님이시다.

사람은 장소에 제한을 받는다.

그러나 예수님은 계시지 않는 데가 없다.

아프리카 선교사 리빙스턴이 일시 영국으로 돌아왔을 때, 사람들이 승리의 비결을 물었다.

예수님은 신자들이 어느 곳에 있든지 거기에 늘 함께 계시는 분으로 공간을 초월하여 존재하는 하나님이시다.

> 하늘과 땅의 모든 권세를
> 내게 주셨으니 그러므로 너희는 가서
> 모든 민족을 제자로 삼아
> 아버지와 아들과 성령의 이름으로
> 세례를 베풀고 내가 너희에게 분부한
> 모든 것을 가르쳐 지키게 하라
> 볼지어다 내가 세상 끝날까지
> 너희와 항상 함께 있으리라
>
> 마태복음 28장 18~20절

 # 예수님의 신성 (2)

예수 그리스도는 여자의 후손으로 나신 완전한 인간인 동시에 전능하신 하나님이시다.

예수님은 전지(全知)하신 하나님이시다.

예수님은 사람들의 품은 생각과 속마음까지 다 아셨다.

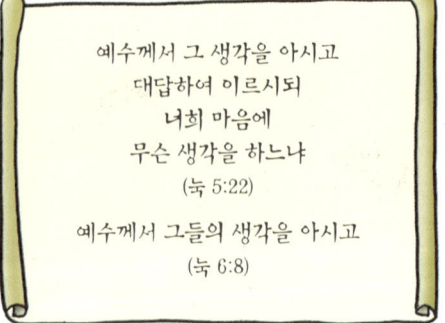

예수께서 그 생각을 아시고
대답하여 이르시되
너희 마음에
무슨 생각을 하느냐
(눅 5:22)

예수께서 그들의 생각을 아시고
(눅 6:8)

예수님은 전능(全能)하신 하나님이시다.

예수님은 모든 앓는 자와 귀신들린 자를 고치셨다.

귀신들도 그가 하나님의 아들임을 알고 떨며 소리 질렀다.

예수께서는 자신이 사죄권(赦罪權)을 가지신 하나님임을 증명하셨다.

예수께서는 죄를 고백하고 회개하는 자에게 치료와 죄사함을 허락하신다.

예수님이 행하신 모든 기적들이 그가 하나님께로부터 오신 분임을 증거한다.

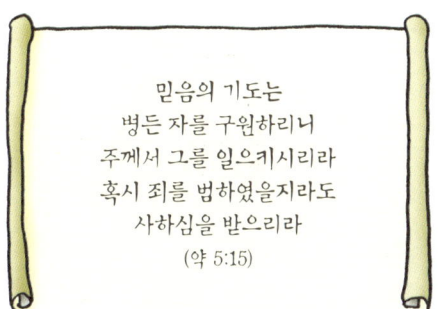

맹인이 보게 되고…

못 걷는 사람이 걸으며…

나병환자가 깨끗함을 받으며…

못 듣는 자가 들으며…

죽은 자가 살아났다.

하나님이신 예수 그리스도는 어제나 오늘이나 영원토록 동일하신 분으로 연대가 다함이 없으시다 (히 1:12, 13:8).

예수 그리스도는 여자의 후손으로 나신 완전한 인간인 동시에 전능하신 하나님이시다.

> 이는 한 아기가 우리에게 났고
> 한 아들을 우리에게 주신 바 되었는데
> 그의 어깨에는 정사를 메었고
> 그의 이름은 기묘자라, 모사라,
> 전능하신 하나님이라, 영존하시는 아버지라,
> 평강의 왕이라 할 것임이라
>
> (사 9:6)

그리스도의 부활

예수님의 부활은 역사적 사실이며 신자들에게는 **산 소망**이다.

그리스도의 부활을 믿는 것은 구원에 필수적이다.

> 네가 만일 네 입으로
> 예수를 주로 시인하며
> 또 하나님께서
> 그를 죽은 자 가운데서 살리신 것을
> 네 마음에 믿으면
> 구원을 받으리라
> (롬 10:9)

부활 신앙이 없으면 믿음 자체가 헛된 것이다.

> 그리스도께서
> 다시 살아나신 일이 없으면
> 너희의 믿음도 헛되고
> 너희가 여전히 죄 가운데
> 있을 것이요
> (고전 15:17)

예수님의 무덤을 지키던 병사들이 놀라운 일을 보았다.

예수님은 고난 당하신 후 사흘 만에 부활할 것을 미리 말씀하셨다.

말씀대로 사흘 만에 부활하신 예수님은 무덤을 찾은 마리아에게 보이셨고…

엠마오로 가던 두 제자에게와…

베드로와 다른 여러 제자들에게와 부활을 믿지 않았던 도마에게까지도 나타나 그의 부활을 확인시켜주셨다.

예수님의 부활은 역사적 사실이며 신자들에게는 산 소망이 되었다.

영국의 한 회중 교회는 매주일 아침예배 때 부활 찬송을 불렀다.

매주일 구원 받은 성도들을 통해 부활 찬송이 불려지는 것은 지극히 바람직한 일이 아닐 수 없다.

> 성경대로 그리스도께서
> 우리 죄를 위하여 죽으시고
> 장사 지낸 바 되셨다가
> 성경대로 사흘 만에 다시 살아나사
> 고린도전서 15장 3~4절
>
> 하나님께서 그를 사망의 고통에서 풀어 살리셨으니
> 이는 그가 사망에 매여 있을 수 없었음이라
> …이 예수를 하나님이 살리신지라
> 사도행전 2장 24, 32절

그리스도의 승천

하나님 아들이 인간 구원을 위해 이 땅에 내려오셨고 십자기 위에서 **구원을 이루신 후에 다시 계시던 하늘로 올라가셨으니** 이를 그리스도의 승천(昇天)이라 한다.

그러나 예수님의 부활하신 몸은 하늘에 속한 몸이므로 자연법칙의 지배를 받지 않고 하늘에 오를 수 있다.

재림 때 부활한 성도들도 공중으로 올라가 예수님을 만나게 될 것이다.

하늘에 오르사 하나님의 우편에 앉아계신 예수님은 지금도 우리를 위하여 간구하시며

우리가 죄를 범하게 되는 경우에도 하나님 앞에서 대언자, 즉 변호사의 자격으로 중보하신다 (요일 2:1).

예수님은 구원 받은 성도들이 가서 살게 될 하늘의 처소를 예비하겠다고 약속하셨다.

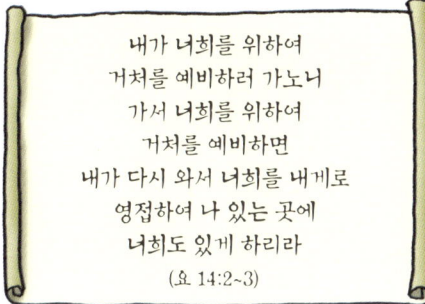

예수님이 짓고 계시는 하늘의 거처는 매우 훌륭하고 아름다울 것이다.

예수님의 승천은 지상 생애가 끝나고 하나님 우편으로 높임을 받으시게 된 것을 의미한다.

승천하신 예수님은 만유를 회복하실 때(재림의 날)까지 하늘에 계시다가

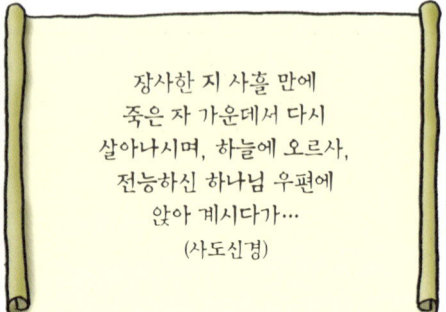

사도신경에 기록된 것처럼 산 자와 죽은 자를 심판하러 이 땅에 다시 오실 것이다.

예수님은 하늘에 계시지만 지금도 우리와 영으로 함께 계셔서 우리를 보호하고 인도하신다.

그래서 우리는 그 미쁘신 말씀의 약속을 따라 예수님과 동행하며 교제하는 은혜를 누리고 있는 것이다.

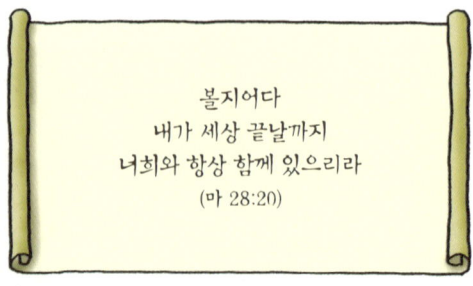

풍판지 작가 김우영의 만화 신학이야기

정리해 볼까요?

1. 예수님의 신분 예수님은 선지자와 제사장과 왕으로서의 신분을 지니고 계신다. 선지자, 제사장, 왕을 세울 때 기름을 그 머리에 붓는다. 예수님도 공생애를 시작하실 때 비둘기 같이 내린 성령이 그 머리 위에 임하여 오심으로 성령의 기름 부음을 받으셨다.

2. 예수님의 인성 예수님은 죄가 없으시다는 점에서 사람들과 같지 않으나 그외의 모든 면에서 우리와 같은 육체를 가지셨다. 예수님도 길을 가다가 피곤하여 주저 앉으셨고 목 마르셨고 행선하는 배 안에서 잠드셨으며 금식 기도하신 후에 배고파 하셨으며 연약한 인간으로서 힘을 얻기 위해 하나님께 기도하셨고 그 결과 천사의 도움을 얻기도 하셨다. 예수님은 인간의 세 가지 요소인 몸과 영과 혼을 가지고 태어나심으로 참 사람이 되신 것이다.

3. 예수님의 신성 예수님은 자기를 비워 종의 형체를 가져 사람이 되셨지만 하나님이시기 때문에 하나님의 성품을 가지고 계신다. 그리스도는 유대인의 조상인 아브라함이 나기 전부터 계셨을 뿐 아니라 영원 전부터 계시는 분이다. 예수님은 죄를 고백하고 회개하는 자에게 치료와 죄사함을 허락하신다. 예수님이 행하신 모든 기적들이 그가 하나님께로부터 오신 분임을 증거한다. 하나님이신 예수 그리스도는 어제나 오늘이나 영원토록 동일하신 분으로 연대가 다함이 없으시다 (히 1:12, 13:8). 예수 그리스도는 여자의 후손으로 나신 완전한 인간인 동시에 전능하신 하나님이시다.

5. 그리스도의 부활 그리스도의 부활을 믿는 것은 구원에 필수적이다. 부활 신앙이 없으면 믿음 자체가 헛된 것이다. 예수님은 고난 당하신 후 사흘 만에 부활할 것을 미리 말씀하셨다. 말씀대로 사흘 만에 부활하신 예수님은 제자들에게 나타나 그의 부활을 확인시켜주셨다. 예수님의 부활은 역사적 사실이며 신자들에게는 산 소망이 되었다.

6. 그리스도의 승천 하나님의 아들이 인간 구원을 위해 이 땅에 내려오셨고 십자가 위에서 구원을 이루신 후에 다시 계시던 하늘로 올라가셨으니 이를 그리스도의 승천(昇天)이라 한다. 재림 때 부활한 성도들도 공중으로 올라가 예수님을 만나게 될 것이다. 하늘에 오르사 하나님의 우편에 앉아계신 예수님은 지금도 우리를 위하여 간구하시며 우리가 죄를 범하게 되는 경우에도 하나님 앞에서 대언자, 즉 변호사의 자격으로 중보하신다 (요일 2:1). 예수님은 구원 받은 성도들이 가서 살게 될 하늘의 처소를 예비하겠다고 약속하셨다.

Chapter 07

구원에 대하여

죄인의 구원은 어린양의 대속적 죽음으로 이루어진다. 예수님은 온 인류의 죄를 대속하기 위해서 세상에 오신 하나님의 어린양이다. 예수님은 온 세상의 죄를 담당하시고 피를 흘리셨다. 그 보혈을 믿는 자만 구원을 얻는다.

구원의 계획과 준비

아담이 죄를 지었을 때 하나님께서는 여자의 후손으로부터 마귀를 정복할 자, 즉 그리스도를 보내주실 것을 약속하셨다. 하나님께서 준비한 속죄양으로 독생자 〈예수〉를 세상에 보내셨고 우리 무리의 죄악을 그로 하여금 담당하도록 하신 것이다.

모든 사람은 하나님 앞에서 죄인이며 죄의 값을 치러야 한다.

죄의 삯은 사망이다. 그래서 모든 인간은 멸망 받을 수밖에 없다.

그러나 전지하신 하나님은 인간이 타락할 것을 미리 아시고 구원 계획을 세우셨다.

아담이 죄를 지었을 때 하나님께서는 여자의 후손으로부터 마귀를 정복할 자, 즉 그리스도를 보내주실 것을 약속하셨다.

여자의 후손은 네 머리를 상하게 할 것이요 너는 그의 발꿈치를 상하게 할 것이라 (창 3:15)

때가 차매 하나님이 그 아들을 보내사 여자에게서 나게 하시고 (갈 4:4)

예수의 출생은 그 출생 700년 전에 이사야 선지자를 통해 예언되었다.

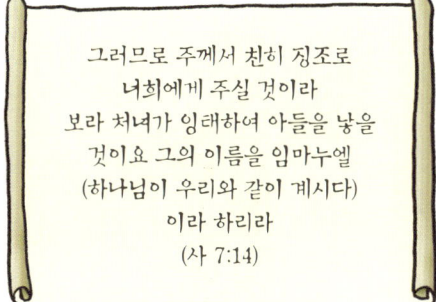

남자를 통해 태어난 사람은 날 때부터 죄인이기 때문에 (시 51:5) 남을 구원할 자격이 없다.

성령으로 수태한 동정녀 마리아에게 가브리엘 천사가 나타나…

〈예수〉라는 말의 뜻은 〈구원자〉, 〈하나님은 구원〉이라는 의미이다.

세례 요한은 예수님을 가리켜 말하기를…

구약 시대에 죄 지은 사람 대신 희생의 제물이 되어 피를 흘리던 양과 같이…

하나님께서 준비한 속죄양으로 독생자 〈예수〉를 세상에 보내셨고 우리 무리의 죄악을 그로 하여금 담당하도록 하신 것이다.

우리가 아직 죄인되었을 때에 그리스도께서 우리를 위하여 죽으심으로 우리의 죗값을 치르신 것이다.

십자가 위에서 하신 마지막 말씀은 인간의 구원을 위한 사역이 완성된 것을 가리키는 것이다.

하나님께서 계획하시고 예수님께서 이루신 구원을 성령께서 죄인들에게 베풀어주신다. 이것을 〈구원의 적용〉이라고 한다.

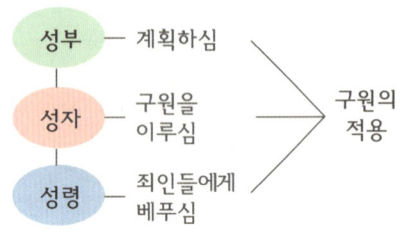

지금도 성령께서는 예수님을 믿고 구원에 이르도록 죄인의 마음에 감화와 감동의 역사를 하고 계신다.

> 우리가 아직 죄인 되었을 때에
> 그리스도께서 우리를 위하여 죽으심으로
> 하나님께서 우리에 대한
> 자기의 사랑을 확증하셨느니라
> 그러면 이제 우리가 그의 피로 말미암아
> 의롭다 하심을 받았으니
> 더욱 그로 말미암아 진노하심에서
> 구원을 받을 것이니
> 로마서 5장 8~9절

 # 속죄의 방법

죄인의 구원은 어린양의 대속적 죽음으로 이루어진다. 예수님은 온 인류의 죄를 대속하기 위해서 세상에 오신 하나님의 어린양이다.

이스라엘 백성은 430년간 애굽에서 종노릇하며 살았다.

애굽의 압제에서 해방될 때, 하나님께서 바로와 그의 나라에 열 가지 재앙을 내리셨다.

마지막 재앙인 장자를 죽이시는 징벌 속에서 이스라엘 사람들은 어떻게 구원을 얻을 수 있었는가?

어린양의 피를 집의 문설주와 인방에 바름으로 재앙을 피하게 되었다.

장자를 죽이는 하나님의 천사가 피를 바른 이스라엘의 집을 넘어 갔다고 해서 유월절(逾越節)이라 이름 지어 이 날을 기념하여 감사한다.

구약시대에는 죄 지은 사람 대신 소나 양이 희생의 제물이 되어 죽임을 당하는 대속(代贖)의 방법이 있었다 (레 4:32~35).

죄의 값은 죽음인데 (롬6:23) 죄 지은 사람 대신 제물을 죽여 피를 흘림으로 죄인의 죄를 용서해주시는 방법이다.

즉 죄 지은 사람이 어린양의 머리에 안수하면 그의 죄가 어린양에게 전가(轉嫁)되고

제사장은 그 양의 피로 하나님께 속죄의 제사를 드림으로 죄를 사하시는 것이다. 죄인의 구원이 어린양의 대속적 죽음으로 이루어진다.

세례 요한은 예수님을 보고 "세상 죄를 지고 가는 하나님의 어린양" (요 1:29)이라고 소개했다.

예수님은 온 인류의 죄를 대속하기 위해서 세상에 오신 하나님의 어린양이다.

그가 왜 십자가에 달려 피를 흘리셨는가? 우리 죄를 대속해주시기 위해서 스스로 희생의 제물이 되신 것이다.

예수 그리스도는 소나 양의 피가 아닌 〈자기 피〉로 영원한 속죄의 제사를 드리신 것이다 (히 9:12).

예수님은 지금도 살아계셔서 우리를 위하여 항상 간구하시는 대제사장이기 때문에 또 다른 제사장이 있을 필요가 없다 (히 7:24).

이제 누구든지 언제든지 예수님께 나오는 자는 죄의 용서와 구원을 얻게 되었다.

> 염소와 송아지의 피로 하지 아니하고
> 오직 자기의 피로 영원한 속죄를 이루사
> 단번에 성소에 들어가셨느니라
> 히브리서 9장 12절
>
> 예수는 영원히 계시므로
> 그 제사장 직분도 갈리지 아니하느니라
> 히브리서 7장 24절

 # 예수님의 죽음에 대한 오해

하나님이신 예수 그리스도는 인간의 몸으로 세상에 오사 우리의 죄를 지고 십자가에서 죽으셨다. 그리고 사흘 만에 부활하셨다. 기독교 복음의 핵심은 그리스도의 죽음과 부활이다.

인간의 구원을 위해 그리스도의 대속적 죽음은 꼭 필요한 것인데 예수님 당시나 지금도 그리스도의 죽으심에 대해 많은 반대와 오해가 있다.

또 이런 주장도 있었다.

그리스도의 죽음은 인정하면서도 대속의 의미를 인정하지 않는 잘못된 주장들도 있었다.

죄의 삯은 사망이다 (롬 6:23). 세상 모든 사람들은 죄로 인하여 멸망할 수밖에 없다.

그러나 하나님이신 예수 그리스도는 인간의 몸으로 세상에 오사 우리의 죄를 지고 십자가에서 죽으셨다.

그리고 사흘 만에 부활하셨다. 기독교 복음의 핵심은 그리스도의 죽음과 부활이다.

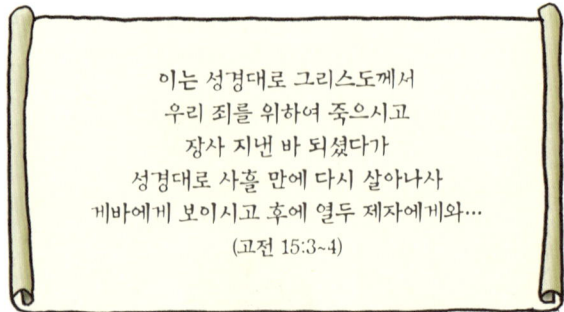

이는 성경대로 그리스도께서
우리 죄를 위하여 죽으시고
장사 지낸 바 되셨다가
성경대로 사흘 만에 다시 살아나사
게바에게 보이시고 후에 열두 제자에게와…
(고전 15:3~4)

 # 누구를 위한 죽음인가?

예수님은 죄인인 우리를 위해 죽으셨다.

예수님은 죄인을 위해 죽으셨다.

예수님은 선택된 자들만을 위해 죽으셨소.

그렇다면 하나님의 사랑과 공의가 제한적이지 않소?

예수님의 죽으심은 온 세상을 위한 것이오.

그렇다면 어째서 모든 사람이 다 구원을 받지 못하는 거요?

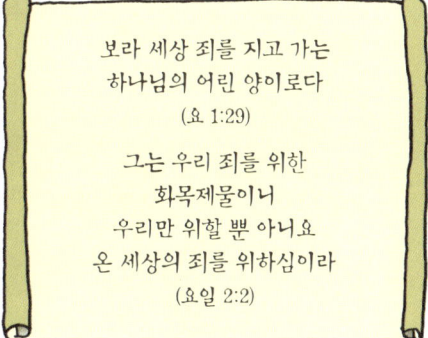

성경은 어떻게 말하고 있는가?

보라 세상 죄를 지고 가는
하나님의 어린 양이로다
(요 1:29)

그는 우리 죄를 위한
화목제물이니
우리만 위할 뿐 아니요
온 세상의 죄를 위하심이라
(요일 2:2)

하나님은 모든 사람이 구원을 받으며 (딤전 2:4) 아무도 멸망하지 아니하고 다 회개하기에 이르기를 원하신다 (벧후 3:9).

어떤 어머니가 사람이 많은 곳에서 아이들을 잃었다.

많은 사람들이 자신들이 죄인임을 깨닫지 못하기 때문에 자기를 찾는 하나님의 음성에 대답하지 않는다.

예수님은 온 세상의 죄를 담당하시고 피를 흘리셨다. 그러나 그 보혈을 믿는 자만 구원을 얻는다.

> 하나님이 세상을 이처럼 사랑하사 독생자를 주셨으니 이는 그를 믿는 자마다 멸망하지 않고 영생을 얻게 하려 하심이니라
> (요 3:16)

 # 선택과 예정 (1)

하나님의 예정 또는 작정에 따라 구원 얻을 사람이 결정되지만, 이 구원은 믿는 자들에게 주시는 하나님의 은혜이다. 하나님이 독생자를 세상에 보내신 목적은 믿는 자마다 영생을 얻게 하려 하심이다.

하나님께서 구원으로 예정하신 사람들은 누구일까? 교회에 다닌다고 다 구원 받을 수 있을까?

성경은 교회에 출석하고 있는 사람들이라 할지라도 마지막 운명이 갈리는 날이 온다고 말하고 있다.

> 둘 다 추수 때까지 함께 자라게 두라 추수 때에 내가 추수꾼들에게 말하기를 가라지는 먼저 거두어 불사르게 단으로 묶고 곡식은 모아 내 곳간에 넣으라 하리라
> (마 13:30)

> 모든 민족을 그 앞에 모으고 각각 구분하기를 목자가 양과 염소를 구분하는 것같이 하여 양은 그 오른편에 염소는 왼편에 두리라
> (마 25:32~33)

극단적인 예정설은 하나님께서 사람을 창조하실 때부터 구원 받을 사람과 멸망할 사람을 구분하여 만드셨다고 말한다.

아무리 구원의 은혜를 받고자 해도 선택된 사람이 아니라면 구원에 이를 수 없고

아무리 피하려 해도 하나님께서 예정하신 사람은 구원을 받게 된다는 주장이다.

예정설에서는 예수 그리스도께서 십자가 위에서 죽으신 것도 구원 받을 자들만을 위한 것이라는 제한적 속죄를 주장한다.

그러나 예정론을 주장한 칼빈은 그의 말년에 그리스도의 속죄가 온 세상의 죄를 위한 것이라는 무제한 속죄설을 받아들였다.

하나님이 독생자를 세상에 보내신 목적은 믿는 자마다 영생을 얻게 하려 하심이다.

구원 얻을 사람을 선택하시는 것은 하나님의 절대주권에 속하는 일이다.

구원은 인간의 공로나 행위에 따라 주어지는 것이 아니라 하나님께서 거저 주시는 은혜이다.

구원을 얻었다 해도 자랑할 수 있는 사람은 없다. 찬양하며 감사할 것밖에 없다.

하나님의 예정 또는 작정에 따라 구원 얻을 사람이 결정되지만, 이 구원은 믿는 자들에게 주시는 하나님의 은혜이다.

복음을 똑같이 들어도 구원을 받지 못하는 사람이 있는 것은 복음을 들은 사람이 말씀을 믿음으로 받아들이지 않기 때문이다.

그러므로 멸망의 책임이 하나님께 있는 것이 아니라 불순종한 죄인에게 있음을 알아야 한다.

선택과 예정 (2)

인간 편에서는 믿는 자가 구원을 받지만, 하나님 편에서는 예정된 자가 구원을 얻는다. 사람이 복음을 듣고 자기의 죄를 회개하고 예수 믿을 때 구원을 얻기 때문이다. 예수님은 자기를 힘입어 하나님께 나아가는 자들을 온전히 구원하신다.

모든 것을 아시는 하나님은 누가 구원에 이를 것인지를 알고 이미 결정해 놓으셨지만

인간의 입장에서는 믿음을 통해서만 의롭다 하심에 이를 수 있는 것이다.

사람이 복음을 듣고 자기의 죄를 회개하고 예수 믿을 때 구원을 얻기 때문이다.

감리교 창시자 요한 웨슬레가 어느 날 꿈을 꾸었다.

인간 편에서는 믿는 자가 구원을 받지만, 하나님 편에서는 예정된 자가 구원을 얻는다.

천국의 입구에 세워진 문 위에는…

그리고 그 반대편에는…

예수님은 자기를 힘입어 하나님께 나아가는 자들을 온전히 구원하신다.

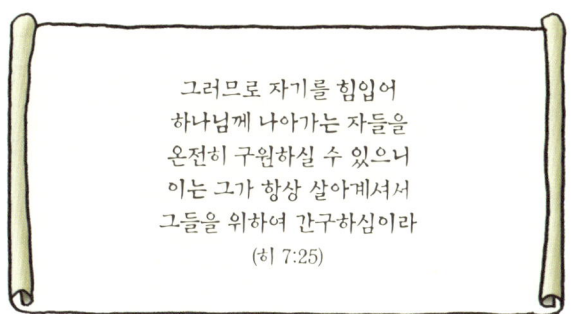

하나님의 부르심

하나님께서 인간을 부르시는 소명(召命)은 세상 직업, 성직(聖職), 죄인의 구원 세 가지로 나눌 수 있다.

하나님께서 인간을 부르시는 소명(召命)은 크게 세 가지로 나눌 수 있다.

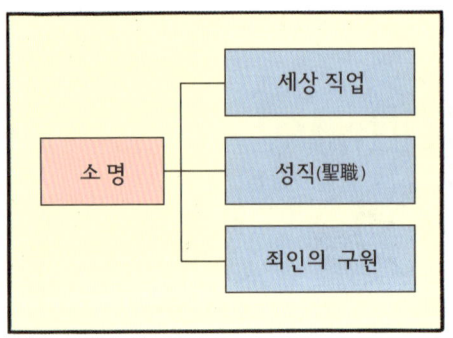

세상의 직업도 하나님께서 어떤 사람을 불러 그 일을 맡기신 것이라는 뜻에서 소명이라 부른다.

루터는 이렇게 말했다.

내가 강단에 서서 설교하는 일이나 식모가 부엌에서 음식을 준비하는 일이 다같이 귀중한 것은 하나님께서 불러 시키신 일이기 때문입니다.

라틴어로 부른다는 말을 〈보카치오〉라 하는데, 여기에서 영어로 직업이라는 단어 〈보케이션〉(vocation)이 생겨났다.

기독교인들은 직업의 귀천을 가리지 말고 무엇이든지 성실하게 기쁨으로 해야 한다.

둘째, 성직으로의 부르심이 있다.

졸업을 앞둔 신학생 중 소명감이 없어 방황하며 고민하는 이들이 적지 않다.

분명한 각오와 결단으로 임하지 않으면 많은 사람에게 고통을 주는 삯군 목자 내지 거짓 선지자가 되기 쉽다.

거룩한 교회를 욕되게 하고 자기도 남도 함께 망하게 되는 일이니 함부로 선택할 것이 아니다.

그러나 성직은 하나님께서 부르시는 최고의 소명이며 값진 것임에 틀림없다.

바울 사도는 자기의 가문과 세상적인 자랑을 포기하고 성직으로 부름받은 것을 감사하며 자랑하였다.

하나님의 뜻을 따라 그리스도 예수의
사도로 부르심을 입은 바울…
(고전 1:1)

이 존귀는 아무나 스스로 취하지
못하고 오직 아론과 같이 하나님의
부르심을 받은 자라야 할 것이니라
(히 5:4)

성직자는 늘 자기 자신을 쳐서 복종시키고 (고전 9:27) 육체와 함께 정욕과 탐심을 십자가에 못 박으며 (갈 5:24) 날마다 죽는 생활을 해야 한다 (고전 15:31).

성직이 존귀한 만큼 그에 따르는 책임 또한 크기 때문이다.

> 내가 내 몸을 쳐 복종하게 함은
> 내가 남에게 전파한 후에
> 자신이 도리어 버림을 당할까
> 두려워함이로다
> 고린도전서 9장 27절
>
> 그리스도 예수의 사람들은
> 육체와 함께 그 정욕과 탐심을
> 십자가에 못 박았느니라
> 갈라디아서 5장 24절

구원의 초청 (1)

무거운 죄짐을 지고 수고하는 모든 죄인들을 부르시는 예수님의 음성은 전 인류를 구원의 길로 초청하는 부르심이다. 하나님의 부르심은 〈하나님의 말씀〉을 통해 주어진다.

가장 중요한 하나님의 부르심은 죄인들을 구원으로 부르시는 초청이다.

무거운 죄짐을 지고 수고하는 모든 죄인들을 부르시는 예수님의 음성은 전 인류를 구원의 길로 초청하는 부르심이다.

참다운 안식은 그리스도 안에 있으며 이 안식은 죄의 용서를 통해 주어지는 영원한 평안이며 참 안식이다.

하나님의 부르심은 〈하나님의 말씀〉을 통해 주어진다.

성경은 단순한 책이 아니라 살아계신 하나님의 말씀이기 때문에 읽는 자에게 감동과 변화를 가져온다.

일본 여자 성경학교 기숙사에 도둑이 들어 한 여학생의 외투를 훔쳐갔다.

주머니를 뒤지던 도둑은 가죽 표지의 작은 책을 발견했다.

양심에 찔린 도둑은 곧 회개하고 성경학교에 들어갔다.

구원의 초청 (2)

하나님의 부르심은 하나님의 종들을 통해 주어진다. 복음을 전하는 주의 종들의 발이 귀하다 했다. 그들이 구원의 소식을 전하기 때문이다. 하나님의 부르심은 환경을 통해서도 주어진다. 역경과 환란이 죄인을 하나님께로 인도하는 안내자 노릇을 하고 구원에 이르게 하는 경우이다.

하나님의 부르심은 하나님의 종들을 통해 주어진다.

선지자 요나를 통해 하나님의 말씀이 큰 성읍 니느웨에 전해지자 (욘 3:4)

니느웨의 백성들은 모두 회개하여 구원을 받았다 (욘 3:6~10).

빌립보 감옥의 간수와 그의 가족은 바울의 전도를 듣고 구원을 받았다 (행 16:31).

그래서 하나님의 말씀을 전하는 자의 발이 아름답다고 말하고 있는 것이다 (롬 10:15).

전파하는 자가 없으면 복음을 들을 수 없겠고 듣지 못한다면 믿을 수 없기 때문에

복음을 전하는 주의 종들의 발이 귀하다 했다. 그들이 구원의 소식을 전하기 때문이다.

하나님의 부르심은 환경을 통해서도 주어진다.

건강할 때는 하나님을 모르고 세상 일에 분주하게 지내며 죄 가운데 살았는데

건강을 잃고 병상에 누워 있을 때, 자신의 연약함과 무력함을 발견하고 하나님께 돌아오는 경우가 많다.

또 사업의 실패, 가정이나 직장의 어려운 문제들을 통해 하나님께로 돌아오는 경우도 많이 있다.

역경과 환란이 죄인을 하나님께로 인도하는 안내자 노릇을 하고 구원에 이르게 하는 경우이다.

하나님의 부르심을 받았다고 다 구원에 이르는 것은 아니다. 많은 사람들이 복음을 듣지만 회개하지 않고 죽기 때문에 멸망하고 만다.

부르심을 들은 자가 하나님의 구원을 기쁨으로 받아들이고 순종하지 않으면 그 소명은 효과를 가진 구원의 소명이 될 수 없다.

그러기에 청함을 받은 자는 많되 왕의 잔치를 맛보도록 택함을 입은 자는 적다고 말씀하신 것이다 (마 22:14).

책망과 회개 (1)

하나님께서는 멸망의 길을 가는 인생들을 불러 구원하시려고 먼저 자기의 죄와 그 죄의 값이 얼마나 크고 무서운지를 깨닫게 하신다. 성령께서는 여러 가지 환경에서 여러 가지 방법으로 죄인들을 책망하고 깨닫게 하신다.

작은 소리로 소근대는 양심의 책망에 즉시 응답하는 이도 있지만

큰 절망 속에 빠진 다음에도 오히려 원망하고 악해지는 사람이 있다.

자기가 죄인이고 죄 때문에 멸망할 수밖에 없다는 사실을 깨닫는 자만 구원의 길을 찾게 된다.

사람은 누구나 죄 속에서 태어나 죄 가운데 살다가 죄 때문에 죽어 영원히 멸망당할 수밖에 없는 존재이다.

하나님께서는 멸망의 길을 가는 인생들을 불러 구원하시려고 먼저 자기의 죄와 그 죄의 값이 얼마나 크고 무서운지를 깨닫게 하신다.

성령께서 죄인을 깨닫게 하시는 일은 양심을 통해서…

전도자의 가르침을 통해서…

때로는 질병이나 실패 속에서 책망하시고…

죄인들로 하여금 자기 자신의 무력함을 깨닫고 발견하게 하신다.

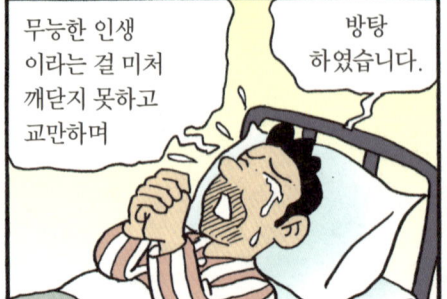

어느 돈 많고 건강한 의학박사가 백혈병에 걸렸다.

백혈병은 자신이 전공하는 분야였지만 치료의 효과도 없이 점점 쇠약해져 갔다.

소망이 없어진 후에야 목사를 찾아 회개하고 병상에서 세례를 받았다.

그리고 얼마 지나지 않아 주님의 품에 안기게 되었다.

아까운 죽음이었지만 다행인 것은 그가 죄의 용서를 받고 구원을 받았다는 사실이다.

성령께서는 여러 가지 환경에서 여러 가지 방법으로 죄인들을 책망하고 깨닫게 하신다. 하나님의 책망을 바로 받아들이는 자는 복이 있는 사람이다.

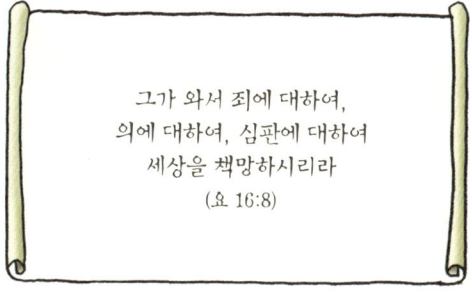

그가 와서 죄에 대하여,
의에 대하여, 심판에 대하여
세상을 책망하시리라
(요 16:8)

책망과 회개 (2)

회개란 죄에 대하여 책망하시는 성령님의 음성을 겸손히 받아들이고 자기의 죄에 대하여 경건한 슬픔을 가지며 자기의 죄를 자발적으로 버리려는 태도를 가리킨다. 책망을 듣기 전에는 죄가 주는 즐거움을 찾아다녔지만 회개함으로 죄를 슬퍼하고 하나님께 용서를 구하는 태도를 가지게 된다.

회개란 죄에 대하여 책망하시는 성령님의 음성을 겸손히 받아들이고

자기의 죄에 대하여 경건한 슬픔을 가지며 자기의 죄를 자발적으로 버리려는 태도를 가리킨다.

즉 과거에는 죄라고 생각지 않았던 것을 죄로 깨닫게 되고…

과거에는 자기를 굉장한 존재로 생각했었는데…

자신을 별 것 아니라고 바로 평가하게 되는 등 인식의 변화가 오는데 이것은 회개의 지적(知的) 요소이다.

책망을 듣기 전에는 죄가 주는 즐거움을 찾아다녔지만…

회개함으로 죄를 슬퍼하고 하나님께 용서를 구하는 태도를 가지게 되는데 이것은 회개의 정적(情的) 요소이다.

비록 자기가 잘못했다는 것을 깨닫고 눈물을 흘린다 해도 이것만으로는 회개했다고 말할 수 없다.

회개에 있어서 중요한 것은 의지적(意志的) 요소이다. 죄를 버리고 하나님께 돌아서는 것이다.

자신의 선생님이며 하나님의 아들이신 예수님을 은 30에 팔아먹은 가룟 유다가…

후에 자기의 잘못을 깨닫고 후회했지만

제 갈 곳 즉 지옥으로 가게 된 것은 (행 1:25) 회개의 중요한 요소인 의지적 요소가 없었기 때문이다.

즉 죄로부터 돌이키려는 내적 변화가 있어야 하고

자기의 잘못을 자백하고 또 잘못된 것은 되돌리려는 노력이 있어야 한다.

마음뿐 아니라 실제로 떼어 먹은 것은 갚고 원수 맺은 것은 푸는 노력이 있어야 한다. 이것이 회개의 열매이며 죄에 대한 보상이다.

> 너희는 돌이켜 회개하고
> 모든 죄에서 떠날지어다
> 그리한즉 그것이 너희에게
> 죄악의 걸림돌이 되지 아니하리라
> 에스겔 18장 30절
>
> 내가 의인을 부르러 온 것이 아니요
> 죄인을 불러 회개시키러 왔노라
> 누가복음 5장 32절
>
> 그러므로 회개에 합당한 열매를 맺고
> 마태복음 3장 8절

믿음과 구원 (1)

구원을 얻기 위해서는 예수를 주(主)로 믿어야 한다. 마치 병자가 의사의 지시에 순종하고 그를 믿고 따르듯 영혼에 병든 죄인들은 만병의 대의사이신 예수님을 주로 믿고 그의 지시에 순종해야 고침을 받고 구원을 받게 된다.

보통 〈믿는다〉는 말은 신용할 수 있다든지 성품이 신실(信實)하다는 의미로 쓰이고 있다.

그러나 예수를 믿으라고 할 때의 〈믿음〉은 그런 의미가 아니다.

바울과 실라가 빌립보 지방에서 귀신 들린 여종을 고쳐준 사건으로 억울하게 매를 맞고 감옥에 갇히게 되었다.

한밤중에 하나님의 기적이 나타나 지진과 함께 사슬이 풀리고 감옥의 문들이 열렸다.

흔히 구원은 무엇을 해야 그 대가로 얻을 수 있는 것으로 오해한다.

하나님을 기쁘시게 하는 것은 인간의 행위가 아니고 믿음이다. 이 믿음이 구원을 받게 한다.

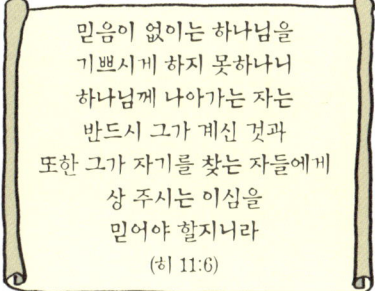

믿음이 없이는 하나님을 기쁘시게 하지 못하나니 하나님께 나아가는 자는 반드시 그가 계신 것과 또한 그가 자기를 찾는 자들에게 상 주시는 이심을 믿어야 할지니라
(히 11:6)

구원을 받기 위해서는 예수를 주(主)로 믿어야 한다.

〈주〉라는 말은 종 또는 노예의 반대말인데 종은 주인에게 절대 복종해야 한다.

아무든지 나를 따라오려거든 자기를 부인하고 날마다 제 십자가를 지고 나를 따를 것이니라
(눅 9:23)

마치 병자가 의사의 지시에 순종하고 그를 믿고 따르듯 영혼에 병든 죄인들은 만병의 대의사이신 예수님을 주로 믿고 그분의 지시에 순종해야 고침을 받고 구원을 받게 된다.

내 생각이나 나의 경험에 비추어 맞지 않는 것처럼 보이는 예수님의 말씀이나, 불합리한 것처럼 보이는 일이라도 그대로 믿고 따르는 것이 믿음이다.

믿음과 구원 (2)

하나님과 동등하신 예수님께서 이 세상에 오신 목적은 죄인을 불러 구원하시기 위함이다. 예수님은 살아계신 하나님의 아들이요, 땅에 오셔서 나의 죄를 씻어 주시려고 친히 피 흘려 죽으신 그리스도이심을 믿고 고백해야 구원이 있다.

신앙고백 중에 가장 위대한 것은 베드로의 신앙고백이다 (마 16:16).

예수님이 주가 되실 뿐 아니라 그리스도이심을 믿어야 한다.

〈그리스도〉라는 말은 헬라 말인데 히브리어로 〈메시아〉와 같은 말이다.

그리스도 또는 메시아라는 말은 문자적으로는 "기름 부음을 받은 자"라는 뜻이지만 의미상으로는 〈구원자〉라는 말이다.

예수님께서 주시는 구원은 자신의 희생을 통해 주시는 것이다.

범죄한 아담과 하와에게 찾아오신 하나님께서는 그들의 부끄러움을 가려주기 위해 가죽옷을 해 입히셨다.

가죽은 동물(아마도 양)이 죽임을 당하고 피를 흘려야 얻을 수 있다.

예수님은 하나님의 어린양이다.

그가 피 흘려 주심으로 우리의 죄는 가리워지고 그리스도의 의를 옷 입듯 하게 되었다.

이제 그 분(예수님)을 구원자, 즉 그리스도로 믿으면 구원을 받을 수 있다.

예수님은 온 세상의 죄를 담당하신 구세주(救世主)이시지만 우리는 각자가 예수님을 자기 개인의 구원자로 믿어야 한다.

나의 허물과 죄를 용서하시려고 피 흘려 죽으신 그리스도 예수를 마음으로 믿고 이러한 자기의 믿음을 입으로 고백할 때 구원을 받게 된다.

사람이 마음으로 믿어
의에 이르고
입으로 시인하여
구원에 이르느니라
(롬 10:10)

하나님과 동등하신 예수님께서 이 세상에 오신 것은 죄인을 불러 구원하시려는 목적이다.

예수님은 살아계신 하나님의 아들이요, 땅에 오셔서 나의 죄를 씻어 주시려고 친히 피 흘려 죽으신 그리스도이심을 믿고 입으로 고백해야 구원이 있다.

믿음으로 구원받은 성도는 예수님을 주(主)로 모시고 그를 사랑하고 순종하는 삶을 살아감으로 영생에 이르게 된다.

" 믿음이 없이는
하나님을 기쁘시게 하지 못하나니
히브리서 11장 6절

네가 만일 네 입으로 예수를 주로 시인하며
또 하나님께서 그를 죽은 자 가운데서 살리신 것을
네 마음에 믿으면 구원을 받으리라
사람이 마음으로 믿어 의에 이르고
입으로 시인하여 구원에 이르느니라
로마서 10장 9~10절 "

두 번째 출생

거듭난다는 말은 중생(重生), 즉 두 번째 출생한다는 말이다.
성령으로 난 사람, 즉 하나님께로부터 새롭게 태어난 사람이 중생한 사람이다.

어느 날 밤, 예수님을 찾아온 니고데모에게 예수님은 이렇게 말씀하셨다.

> 사람이 거듭나지 아니하면 하나님의 나라를 볼 수 없느니라.

거듭난다는 말은 중생(重生), 즉 두 번째 출생한다는 말이다.

> 사람이 늙으면 어떻게 날 수 있사옵나이까? 두 번째 모태에 들어갔다가 날 수 있사옵나이까?

성령으로 난 사람, 즉 하나님께로부터 새롭게 태어난 사람이 중생한 사람이다.

> 사람이 물과 성령으로 나지 아니하면 하나님의 나라에 들어갈 수 없느니라.

눈보라 치는 어느 추운 겨울 날 한 소년이…

> 으~ 추워. 어디 추위를 피할 데가 좀 없을까?

소년은 이때 영적 죽음으로부터 그리스도 안의 새 생명으로 옮겨지는 중생을 체험했다.

이 소년이 바로 그 후 42년간 힘찬 설교와 글로 많은 영혼을 그리스도에게 인도한 찰스 스펄전이었다. 스펄전은 중생할 때의 체험을 이렇게 간증했다.

누구든지 자기의 부족함과 죄를 깨닫고 예수 앞에 나오면 죄인을 영접하시는 예수님을 통해 용서와 평안을 얻게 된다.

어머니의 태에서 한 번 태어난 사람은 성령으로 거듭나는 두 번째 출생을 통해 하나님의 나라를 소유하는 천국백성이 된다.

두 번째 출생한 사람만이 새로운 피조물로서 가치 있는 삶을 살게 되고 영원한 생명까지 누리게 된다.

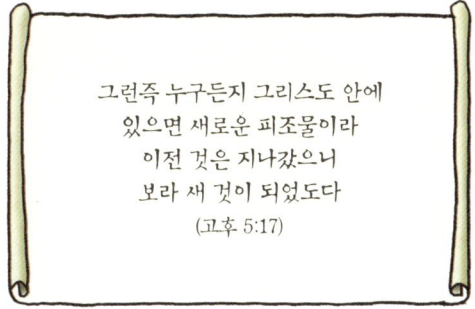

칭의

죄인이 회개하고 예수를 믿으면 하나님께서는 그 죄를 용서하시고 그를 의로운 사람으로 인정해주신다. 이것을 칭의(稱義)라 한다. 칭의라는 말은 본질상 아직도 죄인이지만 회개하고 예수님을 의지하는 믿음을 보시고 의롭다고 선언해주신다는 뜻이다.

죄인이 회개하고 예수를 믿으면 하나님께서는 그 죄를 용서하시고 그를 의로운 사람으로 인정해주신다. 이것을 칭의(稱義) 또는 의인(義認)이라 한다.

칭의라는 말은 멸망받아야 할 죄인이 변하여 실제로 허물이 없는 의인(義人)이 되었다는 의미가 아니다.

본질상 아직도 죄인이지만 회개하고 예수님을 의지하는 믿음을 보시고 의롭다고 선언해주신다는 뜻이다.

아직도 죄인이지만 하나님께서 그 죄를 죄로 인정하시지 않을 뿐이다. 그래서 루터는…

거듭남[重生]의 결과가 바로 하나님으로부터 의롭다고 인정받는 칭의다.

죄인을 의롭다고 인정하시는 "하나님의 의(義)"는 회개하고 믿는 죄인에게 값 없이 주어진다.

죄인이 예수님 안에 있기만 하면 아무 공로 없이 의롭다 함을 받게 된다.

칭의는 믿는 사람이 거저 받는 은혜이지만 하나님 편에서는 그 값을 대단히 비싸게 치르셨다.

하나님은 독생자를 세상을 위해 내어주셨고 예수님은 자기의 생명을 죄인을 위해 바치셨기 때문이다.

아무도 하나님 앞에서 스스로 의로워질 수 없고 인간의 그 어떤 공로도 스스로의 구원에 보탬이 되지 않는다.

죄인의 구원은 오직 믿음으로만, 하나님의 은혜로만 이루어진다.

하나님께서 의롭다고 인정하시면 그 누구도 신자를 정죄할 수 없다.

> 그러므로 이제 그리스도 예수 안에 있는 자에게는 결코 정죄함이 없나니 이는 그리스도 예수 안에 있는 생명의 성령의 법이 죄와 사망의 법에서 너를 해방하였음이라
> (롬 8:1~2)

그리스도 안에 있는 신자를 하나님께서 의롭다고 인정하시기 때문이다.

> " 복음에는 하나님의 의가 나타나서 믿음으로 믿음에 이르게 하나니 기록된 바 오직 의인은 믿음으로 말미암아 살리라 함과 같으니라
> 로마서 1장 17절 "

양자 (養子)

양자란 자기가 낳은 아이가 아님에도 불구하고 법적으로 자녀를 삼기 위하여 입양(入養)한 자녀이다. 신학적으로 양자라는 것은 사람이 율법에서 구속함을 받아 하나님의 자녀가 되는 것을 말한다.

양자란 자기가 낳은 아이가 아님에도 불구하고 법적으로 자녀를 삼기 위하여 입양(入養)한 자녀이다.

신학적으로 양자라는 것은 사람이 율법에서 구속함을 받아 하나님의 자녀가 되는 것을 말한다.

누가복음에 나오는 예수님의 족보를 보면 인류의 아버지는 하나님이시라는 말씀이 기록되어 있다.

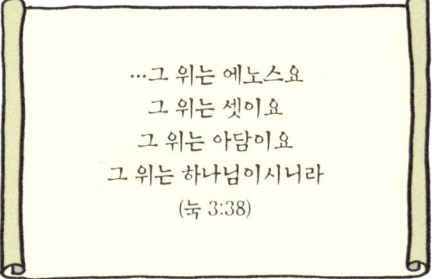

…그 위는 에노스요
그 위는 셋이요
그 위는 아담이요
그 위는 하나님이시니라
(눅 3:38)

아담이 죄를 지은 후 타락하여 그 후손들까지 진노의 자식이 되었고 마귀의 자녀가 되고 말았다.

그러나 인류를 구원하러 오신 예수님의 속죄를 통해 믿는 자들은 하나님의 자녀가 되는 특권을 받게 되었다.

대속의 죽음을 통해 하나님의 독생자이신 예수님은 맏아들이 되시고 믿는 자들은 하나님의 자녀가 되는 것이다.

영접하는 자 곧 그 이름을 믿는 자들에게는 하나님의 자녀가 되는 권세를 주셨으니
(요 1:12)

우리가 하나님을 아버지라고 부를 때 믿는 신자들은 주님 안에서 한 형제자매가 됨을 깨달아야 한다.

손자가 할아버지를 교회로 인도했다면 육신적으로는 손자이지만 영적으로는 아버지가 된다.

하나님께서 우리를 양자로 삼고자 작정하신 것은 창세 전의 일이다.

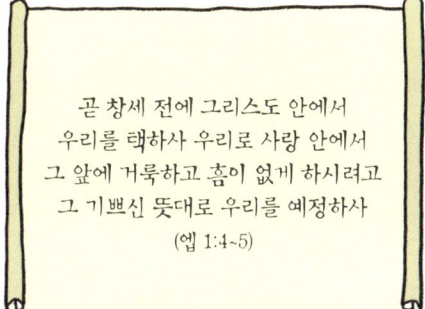

그러나 사람이 예수 그리스도를 구주로 믿고 영접할 때 그는 하나님의 자녀가 되는 것이다.

하나님께서 자기 자녀들을 눈동자같이 지키며 사랑하시고, 신자들도 자기들의 힘과 마음을 다해 목숨을 바치기까지 하나님을 사랑하게 된다.

자녀가 되면 후사(後嗣)가 된다. 후사라는 말은 대를 이을 자식을 말하는데 아버지의 재산을 물려받을 상속인을 의미한다.

하나님의 자녀가 된 신자들은 그리스도와 함께 한 후사가 됨으로 천국을 소유하게 될 것이며 하늘의 모든 영광을 그리스도와 함께 누리게 될 것이다.

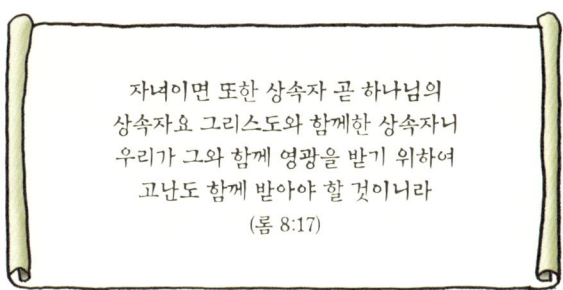

Chapter 08

성령에 대하여

성령께서는 당신의 뜻하신 바를 따라 행하게 하시는 인격적인 존재이시다. 신자들이 자기의 소원을 따라 간구하지만 허락은 사람의 생각대로가 아니라 성령의 뜻대로 되는 것이다.

 ## 성령의 호칭과 사역

성령은 **죄를 깨닫게 하시고… 책망하시며… 회개하도록 인도하신다.**

성령은 우주의 창조나 죽은 생명을 새 생명으로 나게 하시는 일을 하신다.

성령은 여러 가지 호칭으로 불린다.

> 하나님의 영 (고전 2:11)
>
> 그리스도의 영 (롬 8:9)
>
> 보혜사 (요 14:26)
>
> 진리의 영 (요 14:17)
>
> 여호와의 영 (사 11:2)
>
> 그 아들의 영 (갈 4:6)
>
> 영광의 영 (벧전 4:14)

성령은 성경을 기록하게 하셨다 (사 34:16), (딤후 3:16), (벧후 1:21).

성령은 제3위 하나님으로서 천지 창조에 동참하셨다.

> 여호와의 말씀으로
> 하늘이 지음이 되었으며
> 그 만상을 그의 입기운(성령)으로
> 이루었도다 (시 33:6)
>
> 여호와 하나님이 땅의 흙으로
> 사람을 지으시고 생기(성령)를
> 그 코에 불어넣으시니
> 사람이 생령이 되니라 (창 2:7)

성령은 죽은 영혼을 다시 살리시는 일을 하신다 (요 3:5).

성령은 죄를 깨닫게 하시고…

책망하시며…

회개하도록 인도하신다 (요 16:8).

성령은 인간을 구원하는 중생의 사역뿐 아니라…

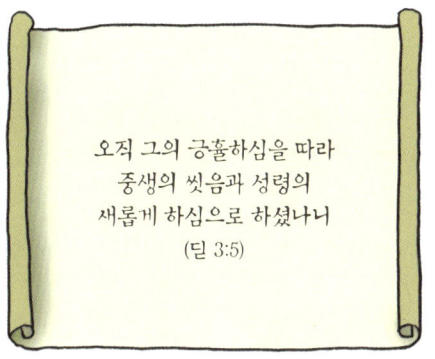

깨끗하게 하시는 성결의 역사를 이루신다 (행 2:38).

성령께서는 예수님의 동정녀 탄생을 가능하게 하셨고 (마 1:18)

세례 받으실 때 성령께서 비둘기 모양으로 임하셨으며 (요 1:32)

40일 금식 후 마귀에게 시험을 받으실 때 성령의 인도하심이 있었고 (마 4:1)

성령의 능력으로 병을 고치시고 말씀도 전하셨다 (눅 4:14).

 ## 성령의 신성

성령께서는 영원한 존재이며 신성과 능력에 있어서 아버지와 아들과 동등한 하나님이시다.

성령은 성자 예수님과 성부와 동등한 신성을 가지신 하나님이시다.

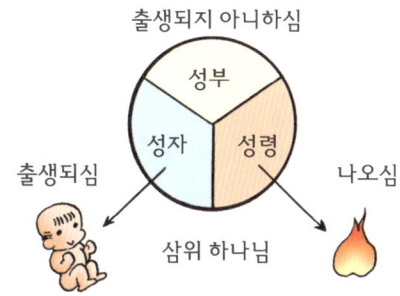

그러나 기독교 초기의 사람들은 성령에 대하여 잘못 주장하는 예가 종종 있었다.

성령에 관하여 설명하는 일은 쉽지 않다. 그러나 성령께서는 영원한 존재이며 신성과 능력에 있어서 아버지와 아들과 동등한 하나님이시다.

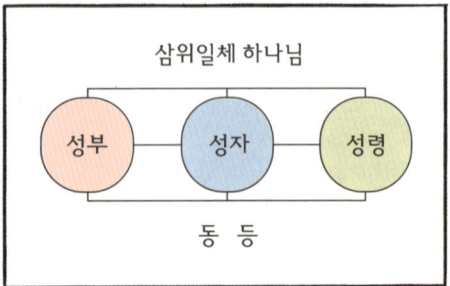

하나님의 단일성을 말하기 위하여 삼위일체의 하나님은 한 분이라고 말하나 삼위일체 안에 세 인격이 있고 각 인격은 완전한 신적 본질을 가지신 완전한 하나님으로 피차 간에 동등하시다.

어거스틴은 동질(同質)이라는 말을 사용하였다.

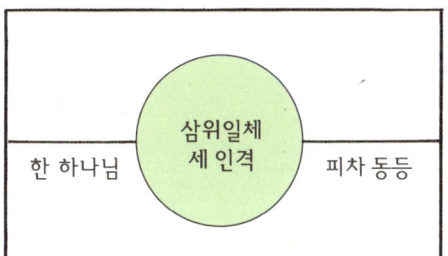

인간의 언어는 절대적인 진리, 특히 하나님에 대하여 설명하기에는 너무나 불충분하다.

하나님의 삼위일체를 논의하는 것은 그 자체가 어려운 일이고 이것을 표현하는 인간의 언어가 불충분하지만, 삼위 하나님은 동등하게 존귀와 영광과 찬송을 받기에 합당하신 분이시다.

성령의 인격성

성령께서는 당신의 뜻하신 바를 따라 행하게 하시는 인격적인 존재이시다. 신자들이 자기의 소원을 따라 간구하지만 허락은 사람의 생각대로가 아니라 성령의 뜻대로 되어지는 것이다.

성령께서는 성부나 성자와 똑같이 인격을 지닌 하나님이시다.

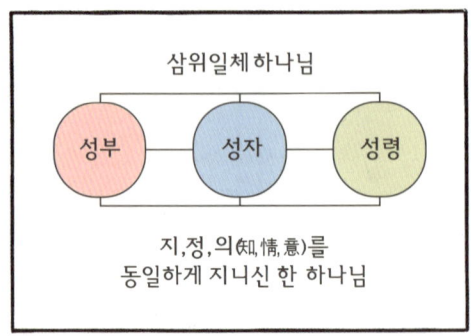

성령은 지식을 가지고 계신다. 과거뿐 아니라 (행 5:3)

장래의 일도 다 알고 계시는 하나님이시다. 〈지적(知的) 존재〉

성령은 감정을 가지고 계신다. 기뻐도 하시고 슬퍼도 하시며, 근심하시며 탄식으로 우리를 위하여 간구하는 분이시다. 〈정적(情的) 존재〉

> 그들이 반역하여 주의 성령을 근심하게 하였으므로 그가 돌이켜 그들의 대적이 되사 친히 그들을 치셨더니
> (사 63:10)

> 하나님의 성령을 근심하게 하지 말라 그 안에서 너희가 구원의 날까지 인치심을 받았느니라
> (엡 4:30)

> 이와 같이 성령도 우리의 연약함을 도우시나니 우리가 마땅히 기도할 바를 알지 못하나 오직 성령이 말할 수 없는 탄식으로 우리를 위하여 친히 간구하시느니라
> (롬 8:26)

하나님의 사람들은 성령께서 주시는 감화를 소멸하지 말고 성령께 순종하여 그를 기쁘시게 해야 할 것이다.

성령은 의지를 가지고 계신 〈인격적(人格的) 존재〉이시다.

> 이 모든 일은 같은 한 성령이 행하사 그의 뜻대로 각 사람에게 나누어 주시는 것이니라
> (고전 12:11)

성령께서는 전도자 빌립을 광야로 이끄시어 에디오피아의 내시를 구원하려는 의지를 나타내시었다 (행 8:26).

바울 사도가 아시아에서 복음을 전하려 했을 때 성령께서 허락하지 않으시고

환상을 통해 유럽 전도를 하게 하셨다 (행16:9~11).

성령께서는 당신의 뜻하신 바를 따라 행하게 하시는 인격적인 존재이시다.

신자들이 자기의 소원을 따라 간구하지만 허락은 사람의 생각대로가 아니라 성령의 뜻대로 되어지는 것이다.

성령께서는 영적으로 죽어 있는 죄인을 새롭게 하셔서 하나님의 자녀로 삼아주실 뿐 아니라

거듭난 신자로 하여금 하나님의 자녀답게 살 수 있는 능력을 부여해주는 살아계신 하나님이시다.

 # 성령 세례 (1)

아담으로부터 물려받은 원죄에서 깨끗함을 받는 단계가 있는데… 거듭난 후에 믿음을 따라 순간적으로 성령 세례를 받을 때이다.

성령 세례란 무엇인가? 물세례와 성령 세례는 어떤 차이가 있는가?

물세례는 믿음으로 죄사함을 받은 사람에게 거듭나 새 사람이 된 것을 증명하는 예식인데 중생(重生)함으로 자기가 지은 죄, 즉 자범죄(自犯罪)에서 용서 받는다.

그러나 타락한 성품, 즉 죄성(罪性)은 여전히 신자 안에 남아 있는데 이것을 원죄(原罪)라고도 부른다.

아담으로부터 물려받은 원죄에서 깨끗함을 받는 단계가 있는데…

거듭난 후에 믿음을 따라 순간적으로 성령 세례를 받을 때이다.

이를 온전한 성결이라고 부르는데 이 단계에서 사람은 원죄로부터 정결함을 받고

하나님께 온전히 헌신하게 되며 능력있는 봉사를 할 수 있게 된다.

미국의 대부흥사 무디가 초등학교 중퇴의 학력으로 세계적인 대전도자가 된 것은 성령의 충만함을 받았기 때문이다.

무디는 이런 고백을 했다.

시카고 대화재 후 그가 뉴욕에 갔을 때 이상한 힘이 그의 머리 위를 누르는 것을 느꼈다.

하나님께서는 그가 견딜 수 없을 때까지 성령을 부어 주셨고…

이 후에 성령의 능력이 나타나 힘있게 복음을 전하게 되었다.

> 요한은 물로 세례를 베풀었으나
> 너희는 몇 날이 못되어
> 성령으로 세례를 받으리라 하셨느니라
> 사도행전 1장 5절

> 너희가 회개하여 각각 예수 그리스도의 이름으로
> 세례를 받고 죄 사함을 받으라
> 그리하면 성령의 선물을 받으리니
> 사도행전 2장 38절

성령 세례 (2)

성령 세례는 단회적(單回的)인 경험이고 성령 충만은 반복적인 것으로 구분하는 것이 보편적이다. 성령 세례로 성결함을 받은 후에도 그리스도의 장성한 분량에 이르기까지 계속적인 성장과 함께 항상 성령의 충만함을 유지하여야 한다.

성경에서는 성령 세례를 성령의 충만 (행 2:4), 성령이 그들 위에 임하심 (행 11:15), 성령을 받음 (행 19:2), 위로부터 능력을 입히움 (눅 24:49) 등으로 표현하고 있다.

성령 세례는 단회적(單回的)인 경험이고 성령 충만은 반복적인 것으로 구분하는 것이 보편적이다.

사도들이 오순절 날에 아버지의 약속하신 대로 (행 1:4) 성령 세례를 받아 성령 충만하였는데… (행 2:4)

그 후 종교 지도자들의 박해를 받게 되자, 다시 모여 합심 기도를 드릴 때 모인 곳이 진동하며 무리가 성령의 충만을 다시 받은 것으로 보아 일회적인 성령 세례와 반복적인 성령 충만을 구분할 수 있겠다 (행 4:31).

성령 세례로 성결함을 받은 후에도 그리스도의 장성한 분량에 이르기까지 계속적인 성장과 함께 항상 성령의 충만함을 유지하여야 한다.

성령 세례는 모든 믿는 자에게 주어지는 하나님의 은혜이다.

거듭난 후에도 자기 속에 선한 것이 거하지 않으며 육체 속에서 한 다른 법, 즉 죄의 법이 하나님의 법과 싸우며 자기를 죄 아래로 사로잡아 가는 것을 회개하며 (롬 7:17~24)

자신과 죄를 이길 수 있는 성령의 능력을 얻기 위하여 성령 세례를 간구하여야 한다 (눅 24:49).

성령 충만은 우리의 힘으로 얻는 것이 아니라 하나님께 간구하여 성령의 충만함을 입어야 한다.

자신의 부족함을 깨닫고 회개하며 성령 받기를 기도하면 성령 충만을 받을 수 있고 (행 8:15~17)

하나님의 말씀을 들을 때 (행 10:44), 빈 마음 그릇에 기름 같은 성령 (요일 2:27)이 넘치게 채워진다.

성령은 순종하는 자에게 주어진다.

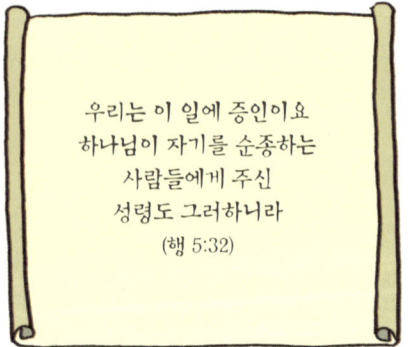

우리는 이 일에 증인이요 하나님이 자기를 순종하는 사람들에게 주신 성령도 그러하니라
(행 5:32)

능력있게 복음을 증거하기 위하여는 성령 충만을 받아야 하고 (행 1:8) 그러기 위해서는 하나님께 전적으로 복종하여야 한다.

참된 회개와 예수 그리스도에 대한 믿음을 가지고 하나님의 말씀에 순종할 때 성령 충만의 복을 받게 된다.

성령의 은사 (1)

성령의 은사들은 지혜의 말씀, 지식의 말씀, 믿음, 병 고치는 은사, 능력 행함, 예언, 영들 분별함, 각종 방언, 방언 통역, 사도, 선지자, 복음 전하는 자, 목사, 교사 등 고린도전서 12장과 14장 그리고 에베소서 4장에서 몇 가지 기본적 종류로 구분된다.

은사(恩賜)는 그리스도로 말미암아 신자들에게 주어지는 은혜로운 선물을 의미한다.

기본적인 은사는 신자에게 주시는 구원의 은사이다.

사람이 성령 세례를 받으면 자기 안에 그리스도가 살아계시며 주님과 동행을 실감하게 되고 (갈 2:20) 자기 구원에 대한 확신을 갖게 된다.

죄의 삯은 사망이요 하나님의 은사는 그리스도 예수 우리 주 안에 있는 영생이니라 (롬 6:23)

위기와 고난 속에서 본인이나 중보의 기도를 통해 위기에서 건지심과 보호의 은사가 주어지는데 (시 50:15) 이런 은사들은 보편적으로 주어지는 은사이다.

성령의 은사를 초자연적인 신비 현상들 즉 방언, 귀신을 쫓아내거나 병을 고치는 은사 등만으로 한정하는 오해가 있다.

또 은사를 받은 이가 자기와 같은 은사를 받지 못한 다른 사람을 멸시하고 교만해지는 경우도 있다.

은사를 받은 이는 더욱 겸손하여야 하겠고 덕을 세우고 교회에 유익을 끼치도록 해야겠다.

은사는 여러 가지이지만 나누어주시는 이는 성령 한 분이시다 (고전 12:11).

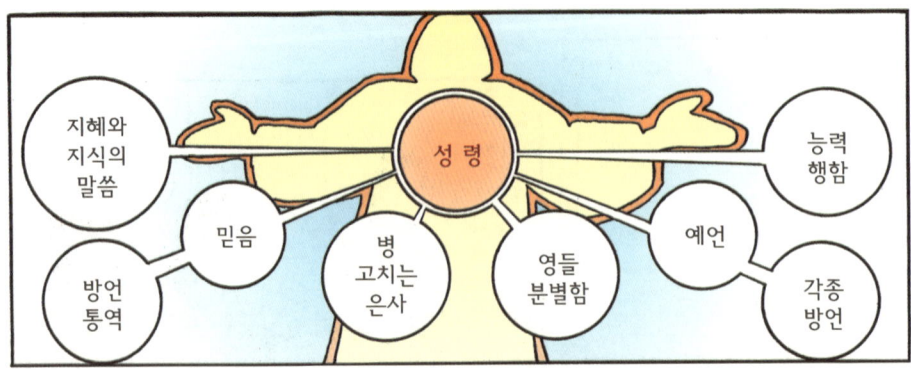

신자들은 각각 은사를 받은 대로 하나님의 선한 청지기로서 하나님을 영화롭게 하며 서로 봉사하여야 한다 (벧전 4:10).

그리스도의 몸된 교회에 다양한 성령의 은사를 주시니 성도들은 한 몸의 지체들로서 분쟁이 없이 서로 돌아보아야 할 것이다 (고전 12:18, 25).

성령의 은사들은 고린도전서 12장과 14장 그리고 에베소서 4장에서 몇 가지 기본적 종류로 구분된다.

지혜의 말씀, 지식의 말씀,
믿음, 병 고치는 은사, 능력 행함,
예언, 영들 분별함, 각종 방언,
방언 통역 (고전 12장, 14장)

사도, 선지자, 복음 전하는 자,
목사, 교사 (엡 4장)

〈지혜와 지식의 말씀〉 (고전 12:8, 롬 12:7)은 하나님의 말씀을 잘 이해하거나 잘 전달할 수 있는 은사이다.

〈믿음〉 (고전 12:9)의 은사란
예수 그리스도를 구주로 믿고 구원받는 기본적인 믿음이 아니라 히브리서 11장에 나오는 것 같은 초월적인 믿음을 말한다.

성령의 은사 (2)

〈병 고치는 은사〉(고전 12:9), 〈능력 행함〉(고전 12:10), 〈예언〉(고전 12:10, 롬 12:6), 〈영(靈) 분별의 은사〉(고전 12:10), 〈방언〉(고전 12:10), 〈방언 통역의 은사〉(고전 12:10)… 가장 큰 성령의 은사는 〈사랑〉(고전 13장)이다. 그 외에 섬기는 일, 권위(권면과 위로)하는 일, 구제하는 일, 다스리는 일, 긍휼을 베푸는 일 등도 성령께서 나누어주시는 은사들이다 (롬12:4~8).

〈병 고치는 은사〉(고전 12:9)로 예수님은 세상에 계실 때, 많은 병자들의 질병을 고쳐주셨다.

성경은 믿음의 기도가 병든 자를 일으킬 것이라 말하고 있다.

너희 중에 병든 자가 있느냐 그는 교회의 장로들을 청할 것이요 그들은 주의 이름으로 기름을 바르며 그를 위하여 기도할지니라 믿음의 기도는 병든 자를 구원하리니 주께서 그를 일으키시리라
(약 5:14~15)

〈능력 행함〉(고전 12:10)이란 병 고치는 신유의 은사 외에 성령의 능력으로 기적을 행하는 것을 말한다.

〈예언〉(고전 12:10, 롬 12:6)은 장래에 일어날 일을 하나님께로부터 받아 미리 말하는 은사를 가리킨다.

구약에서는 그리스도의 초림이, 신약에서는 그리스도의 재림이 예언의 중심이 되고 있다.

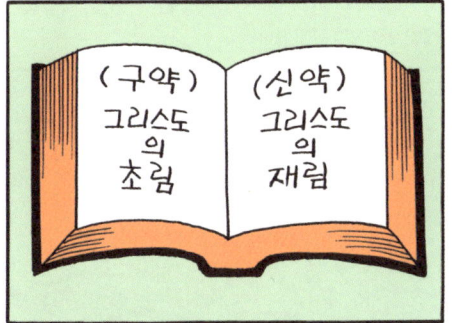

오늘날에는 거짓 선지자들이 자기들의 욕심을 따라 거짓 예언을 많이 하고 있으니 주의하여야 한다 (렘14:14).

〈영(靈) 분별의 은사〉 (고전 12:10)는 성령과 악령의 역사를 분별하는 은사이다. 영을 다 믿지 말고 그 영이 하나님께 속하였는가를 시험해보고 분별하여야 한다 (요일 4:1).

〈방언〉 (고전 12:10)에는 평소에 알지 못하던 외국어를 말하는 은사 (행 2:8), 사람이 알아들을 수 없는 대신(對神) 방언 (고전 14:2)이 있다.

대신 방언을 사람이 알아 듣도록 통역하는 은사가 〈방언 통역의 은사〉 이다 (고전 12:10).

성령 충만하면 방언을 한다고 오해하고…

방언을 못하면 성령 충만의 은혜를 받지 못했다고 말하는 것은 잘못이다.

가장 큰 성령의 은사는 〈사랑〉이다. 사도 바울은 "더욱 큰 은사를 사모하라"(고전 12:31)고 권하면서 사랑에 대하여 말하고 있다 (고전 13장). 사랑은 율법의 완성이다 (롬 13:10).

내가 사람의 방언과 천사의 말을 할지라도 사랑이 없으면 소리 나는 구리와 울리는 꽹과리가 되고 내가 예언하는 능력이 있어 모든 비밀과 모든 지식을 알고 또 산을 옮길 만한 모든 믿음이 있을지라도 사랑이 없으면 내가 아무것도 아니요
(고전 13:1~2)

사랑은 오래 참고 사랑은 온유하며 시기하지 아니하며 사랑은 자랑하지 아니하며 교만하지 아니하며 무례히 행하지 아니하며 자기의 유익을 구하지 아니하며 성내지 아니하며 악한 것을 생각하지 아니하며 불의를 기뻐하지 아니하며 진리와 함께 기뻐하고 모든 것을 참으며 모든 것을 믿으며 모든 것을 바라며 모든 것을 견디느니라
(고전 13:4~7)

그 외에 섬기는 일, 권위(권면과 위로)하는 일, 구제하는 일, 다스리는 일, 긍휼을 베푸는 일 등도 성령께서 나누어주시는 은사들이다 (롬 12:4~8).

> 이 모든 일은 같은 한 성령이 행하사
> 그의 뜻대로 각 사람에게 나누어 주시는 것이니라
> 고린도전서 12장 11절
>
> 각각 은사를 받은 대로 하나님의 여러 가지
> 은혜를 맡은 선한 청지기 같이 서로 봉사하라
> 베드로전서 4장 10절
>
> 너희는 더욱 큰 은사를 사모하라
> 내가 또한 가장 좋은 길을 너희에게 보이리라
> 고린도전서 12장 31절

 # 현대 성령론 (1)

성령 없는 교회 사역은 아무리 성경을 연구하고 제자를 훈련한다 해도 성공할 수 없다. 성령이 교회를 시작하게 하셨고 또 자라게 역사해오셨기 때문이다.

성령에 대하여 이야기할 때도 "좌로나 우로 치우치지 말라"는 말씀을 명심하자.

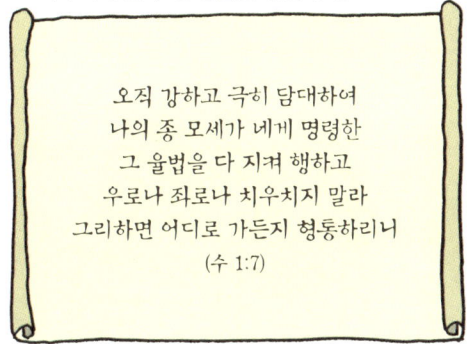

오직 강하고 극히 담대하여
나의 종 모세가 네게 명령한
그 율법을 다 지켜 행하고
우로나 좌로나 치우치지 말라
그리하면 어디로 가든지 형통하리니
(수 1:7)

좌로 치우치면 성령의 역사를 부인하는 자유주의로 흘러가게 되고 우로 치우치면 극단의 신비주의로 치닫게 될 위험이 있다.

성령론을 인간의 이성이 미칠 수 있는 범위 내에서 해석하려다 보니 초자연적인 하나님의 역사를 이해하지 못한다.

인본주의적 자연주의 신학에서는 성령의 감동으로 성경이 기록되었음을 인정하지 않는다.

그래서 전통적인 기독교를 부인하게 되는 잘못을 저지르게 된다. 진리의 말씀을 떠나 좌로 치우쳤기 때문이다.

한편 우로 치우치는 경우가 있다. 성령의 역사를 특정인과 집단에 유리하게 해석하는 경우이다.

성령의 직통 계시를 받는다든가

성령의 능력이 자기에게 특별히 임하였다고 주장하여 많은 사람을 미혹하는 경우이다.

성령의 충만을 받은 사람일수록 자기를 감추고 하나님만 내세우며

자기 유익이 아니라 다른 사람의 유익을 구하는 자세를 가져야 할 것이다.

미국 보스턴에 있는 고든(Gordon) 신학교의 창시자인 고든 목사는 현대에도 새로운 오순절이 주어질 수 있다는 것을 다음과 같이 말하고 있다.

교회사를 살펴보면 어느 시대나 성령께 전적으로 헌신하고 굴복하는 이들이 자신들을 하나님의 뜻을 이루는 도구로 내어 맡기고 성령으로 충만한 공동체를 이룰 때 기독교의 새로운 오순절이 시작되곤 하였다는 것을 알게 되었습니다.

성령 없는 교회 사역은 아무리 성경을 연구하고 제자를 훈련한다 해도 성공할 수 없다.

성령이 교회를 시작하게 하셨고 또 자라게 역사해오셨기 때문이다.

현대 성령론 (2)

성령 없는 복음주의나 성령 없는 현대주의는 이단만큼이나 위험하다. 성령의 일하심에 순종하며 하나님의 말씀을 전하고 들을 때 생명의 역사가 일어나게 된다. 성령을 소유하려 노력할 것이 아니라 성령께 온전히 소유될 때, 능력있는 하나님의 종으로 쓰임받게 된다.

성령 없는 복음주의나 성령 없는 현대주의는 이단만큼이나 위험하다.

성령의 일하심에 순종하며 하나님의 말씀을 전하고 들을 때 생명의 역사가 일어나게 된다.

성령을 소유하려 노력할 것이 아니라 성령께 온전히 소유될 때, 능력있는 하나님의 종으로 쓰임받게 된다.

영혼 없는 몸이 죽은 것같이 성령 없는 개인이나 교회는 생명의 역사가 나타날 수 없다.

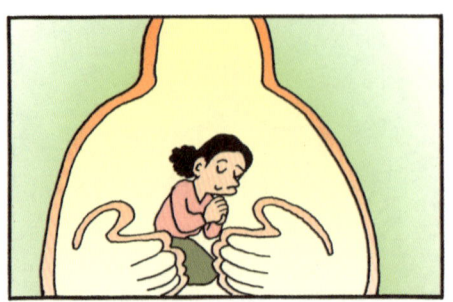

경건의 모양보다 능력을 소유할 수 있도록 성령 충만을 기도하고 성령께 순종하는 삶을 살아야 한다.

20세기에 들어와 성령론은 신비주의적 요소를 강조하는 오순절 계통과 성령의 인격성을 부정하는 자유주의 신학으로 양분되어 있다.

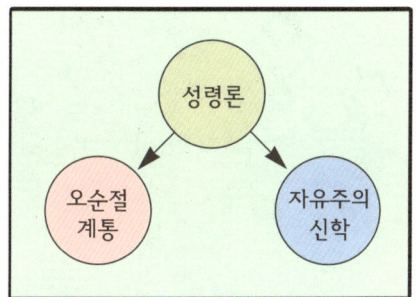

주관적인 체험을 강조하는 오순절 계통의 교회들은 열심이 있고 영적으로 깊은 경지에 이르는 경우가 많으나 교회의 질서를 어지럽히고 교만해지는 위험에 빠지기 쉽다.

자유주의 교회는 인간의 이성과 과학적 경험을 앞세우기 때문에 성령의 역사를 소홀히 하기 쉬운 약점이 있다.

하나님의 교회가 신비주의로 흘러서는 안 되나 신비적인 요소를 빼버릴 수 없다.

영이신 하나님이 인간 육체 안에 머문다는 것 자체가 신비이며…

이러한 비밀스런 결합을 통해 신자는 그리스도의 지체가 되며 그리스도와 생명적인 연결을 맺게 된다.

극단의 신비주의는 성경의 가르침보다 자기의 체험을 앞세우는 위험이 있고…

극단의 자유주의는 성경의 교훈에서 떠나 성령의 역사를 부인함으로써 기독교의 참 모습을 잃어버릴 위험이 있다.

하나님의 자녀가 된 신자들은 성령의 인도하심에 순종하면서 신앙을 지켜가며…

하나님께서 기뻐하시는 일을 이루어드리는 의로운 도구로 하나님께 드리는 온전한 삶을 살아야 할 것이다.

> 주의 성령이 내게 임하셨으니
> 이는 가난한 자에게 복음을 전하게 하시려고
> 내게 기름을 부으시고
> 나를 보내사 포로 된 자에게 자유를,
> 눈 먼 자에게 다시 보게 함을 전파하며
> 눌린 자를 자유롭게 하고
> 주의 은혜의 해를 전파하게 하려 하심이라
> 누가복음 4장 18~19절

똥딴지 작가 김우영의 만화 신학이야기

정리해 볼까요?

1. 성령의 호칭과 사역

성령의 호칭은 하나님의 영, 그리스도의 영, 보혜사, 진리의 영, 여호와의 영, 그 아들의 영, 영광의 영 등이다. 성령은 제3위 하나님으로서 천지창조에 동참하셨고, 성경을 기록하게 하셨다. 성령은 죄를 깨닫게 하시고 책망하시며 회개하도록 인도하신다 (요 16:8). 성령은 인간을 구원하는 중생의 사역뿐 아니라 깨끗하게 하시는 성결의 역사를 이루신다 (행 2:38).

2. 성령의 신성

성령은 성자 예수님과 성부와 동등한 신성을 가지신 하나님이시다. 성령께서는 영원한 존재이며 신성과 능력에 있어서 아버지와 아들과 동등한 하나님이시다.

3. 성령의 인격성

성령께서는 성부나 성자와 똑같이 인격을 지닌 하나님이시다. 성령은 지, 정, 의를 동일하게 지니신 하나님이시다.

4. 성령 세례

성령 세례와 성령 충만은 모든 믿는 자에게 주어지는 하나님의 은혜이다. 성령 세례는 단회적(單回的)인 경험이고 성령 충만은 반복적인 것으로 구분하는 것이 보편적이다. 성령 세례로 성결함을 받은 후에도 그리스도의 장성한 분량에 이르기까지 계속적인 성장과 함께 항상 성령의 충만함을 유지하여야 한다.

5. 성령의 은사

은사(恩賜)는 그리스도로 말미암아 신자들에게 주어지는 은혜로운 선물을 의미한다. 기본적인 은사는 신자에게 주시는 구원의 은사이다. 성령의 은사들은 지혜의 말씀, 지식의 말씀, 믿음, 병 고치는 은사, 능력 행함, 예언, 영들 분별함, 각종 방언, 방언 통역, 사도, 선지자, 복음 전하는 자, 목사, 교사 등 고린도전서 12장과 14장 그리고 에베소서 4장에서 몇 가지 기본적 종류로 구분된다. 가장 큰 성령의 은사는 〈사랑〉이다. 사도 바울은 "더욱 큰 은사를 사모하라"(고전 12:31)고 권하면서 사랑에 대하여 말하고 있다 (고전 13장). 사랑은 율법의 완성이다 (롬 13:10).

5. 현대 성령론

성령 없는 교회 사역은 아무리 성경을 연구하고 제자를 훈련한다 해도 성공할 수 없다. 성령이 교회를 시작하게 하셨고 또 자라게 역사해오셨기 때문이다. 성령 없는 복음주의나 성령 없는 현대주의는 이단만큼이나 위험하다. 성령의 일하심에 순종하며 하나님의 말씀을 전하고 들을 때 생명의 역사가 일어나게 된다. 성령을 소유하려 노력할 것이 아니라 성령께 온전히 소유될 때, 능력있는 하나님의 종으로 쓰임받게 된다.

통만지 작가 김우영의
만화 신학 이야기

초판 1쇄 펴낸날 | 2013년 7월 10일
초판 2쇄 발행 | 2019년 4월 15일

글 · 그림 · 김우영

원작 · 성기호

펴낸이 · 박종태

영업 마케팅 | 강한덕, 한정희, 김경진, 박다혜
관리 | 정문구, 정광석, 강지선, 이나리, 김태영, 박현석

펴낸곳 · 비전북

등록 · 2011년 2월 22일 제396-2011-000038호

주소 · 경기도 고양시 일산서구 송산로 499-10(덕이동)

이메일 · visionbook@hanmail.net

공급처 · (주)비전북 전화 · 031-907-3927

ISBN 979-11-950630-0-0 (03230)

ⓒ 김우영, 2013

· 잘못된 책은 구입한 곳에서 바꾸어 드립니다.
· 이 책은 저작권법에 따라 보호받는 저작물이므로 본사의 허락 없이는 어떠한 형태나 수단으로도 이 책의 내용을 이용하지 못합니다.
· 책값은 뒷표지에 있습니다.